PREMIERS ÉLÉMENTS
DE
GÉOGRAPHIE

PAR

HENRY LEMONNIER **F. SCHRADER**

Professeur à la Faculté des Lettres de Paris et à l'École des Beaux-Arts. | Directeur des travaux cartographiques de la Librairie Hachette et Cⁱᵉ.

AVEC LA COLLABORATION DE

MARCEL DUBOIS
Professeur de géographie coloniale à la Sorbonne

COURS ÉLÉMENTAIRE
NOTIONS GÉNÉRALES — LA TERRE — LA FRANCE

NOUVELLE ÉDITION, ENTIÈREMENT REFONDUE

AVEC LA COLLABORATION DE

L. GALLOUÉDEC
Inspecteur de l'Académie de Paris.

TROIS CENT SOIXANTE-CINQUIÈME MILLE

PARIS
LIBRAIRIE HACHETTE ET Cⁱᵉ
79, BOULEVARD SAINT-GERMAIN, 79

1 fr. 10

AVERTISSEMENT

La nouvelle édition du **Cours élémentaire de géographie** que nous publions aujourd'hui a été entièrement remaniée. *Une plus grande place a été donnée à l'étude de la France*.

L'objet de ce Cours est resté le même : Faciliter la tâche du maître par une division des matières aussi claire et par un exposé aussi simple et net que possible; rendre l'étude de la géographie attrayante pour des enfants, sans lui rien enlever de ce caractère méthodique et rationnel qui lui donne sa vertu éducative : voilà les principes dont nous nous sommes inspirés en rédigeant ce volume.

Les maîtres y trouveront :

I. Des **leçons répondant entièrement au programme officiel** de l'enseignement primaire. Chacune d'elles comprend deux parties rendues distinctes par la nature des caractères typographiques qui ont servi à leur impression :

    1° *En gros caractères*, la leçon proprement dite, contenant ce que l'élève doit savoir;

    2° *En caractères plus petits*, des lectures explicatives ou propres à stimuler son imagination, à susciter son esprit d'observation, à allumer sa curiosité.

II. Des **questionnaires** sont joints à chaque leçon : les uns, *exercices de mémoire* servant de contrôle; les autres, *exercices d'observation et d'intelligence* destinés à provoquer ses observations et ses réflexions.

III. On trouvera, en outre, à la fin de chacune des trois principales divisions du cours, des **exercices récapitulatifs** comprenant des devoirs écrits, phrases à compléter et exercices cartographiques, en rapport étroit avec chacune des leçons.

IV. Un **résumé aide-mémoire** de deux pages termine l'ouvrage.

V. Les **cartes** ont été refaites entièrement; elles ont été simplifiées et rendues plus lisibles. Il faut que l'élève apprenne de bonne heure à se servir des cartes; des exercices spéciaux ont été rédigés pour l'y habituer.

VI. **L'Illustration** a été l'objet d'un soin spécial. C'est en voyageant et en observant la nature qu'on peut le mieux apprendre la géographie. Les voyages n'étant pas à la disposition de tous, et la plupart des enfants n'ayant guère quitté le pays où ils sont nés, il nous a paru qu'on pouvait par une illustration méthodique suppléer à l'insuffisance de leurs observations personnelles.

Nous avons la conviction que les gravures nombreuses que nous avons introduites dans notre cours, en rapport avec le texte qui n'en est souvent que le commentaire, contribueront grandement à faire aimer l'enseignement de la géographie et à lui assurer toute sa valeur pour la formation intellectuelle de nos jeunes élèves.

PREMIERS ÉLÉMENTS DE GÉOGRAPHIE

COURS ÉLÉMENTAIRE

DIVERS ASPECTS DE LA TERRE.
1. Un paysage humide: la vallée de la Somme, près d'Amiens (*Phot. L. Lévy*). — 2. Un pays sec: dunes dans le Sahara. — 3. Une plaine : vue prise en Champagne. — 4. Un pays de montagnes : le Puy-de-Sancy et la petite ville du Mont-Dore, en Auvergne.

OBJET DE LA GÉOGRAPHIE

1. Définition. — La géographie est la description de la Terre.

2. Objet de la Géographie. — L'étude de la géographie nous permet de connaître tout ce qui se trouve sur la surface de la terre, c'est-à-dire ses montagnes et ses plaines, ses fleuves, ses côtes et ses mers, ses climats.

Elle nous apprend aussi quelles sont les diverses contrées de la terre, les hommes qui les habitent, les villes importantes de ces contrées, et les ressources de chacune d'elles.

LECTURE : **Qu'est-ce que la Géographie ?** — La géographie décrit la Terre, et ses diverses parties.

Ces parties sont très dissemblables. Les unes sont couvertes de grosses masses de terre, de pierres et de neige qu'on nomme *montagnes* (fig. 4); les autres sont, au contraire, unies et plates : ce sont les *plaines* (fig. 3). Les unes sont humides (fig. 1), d'autres absolument desséchées (fig. 2). Les pays humides sont couverts de forêts, de champs ombragés d'arbres. de cultures; les pays secs sont nus, désérts, stériles.

Les hommes qui peuplent la terre sont aussi très dissemblables. Leur peau est blanche, jaune, noire ou rouge. Leurs langues, leurs usages, leurs costumes, ne diffèrent pas moins. Les uns vivent nus, les autres sont vêtus d'épaisses fourrures. Le Chinois porte derrière le dos une longue tresse de cheveux, qui nous paraît très drôle parce que nous n'y sommes pas habitués. C'est la géographie qui apprend à connaître ces différences.

CHINOIS.

Exercices.

Questionnaire — 1. Qu'est-ce que la Géographie? — 2. Qu'est-ce que l'étude de la géographie permet de connaître?

Exercices d'intelligence. *Dans les gravures de cette page, où y a-t-il une montagne? Une plaine? — Montrez un paysage sec, un paysage humide : quelle différence apercevez-vous entre eux au point de vue de la végétation? — Pourquoi les nègres vivent-ils presque nus?*

I — NOTIONS GÉNÉRALES

I. LA TERRE DANS L'ESPACE

3. Forme de la Terre. — La Terre est ronde; elle a la forme d'une grosse boule, d'une *sphère*.

4. Dimensions de la Terre. — La Terre a 10 mille lieues ou 40 mille kilomètres de tour.

Elle a mille fois l'étendue de la France. Cette grandeur nous paraît considérable. Mais, parmi les astres qu'on voit dans le ciel et qui sont des boules comme la Terre, il en est de bien plus gros qu'elle. Ainsi le Soleil est plus de 1 million de fois plus gros que la Terre.

5. Mouvements de la Terre. — La Terre est animée de deux mouvements :

1° Elle tourne *sur elle-même* en 24 heures, en présentant tour à tour ses diverses parties au Soleil. La partie exposée au Soleil a le jour, tandis que la partie située à l'opposé du Soleil a la nuit.

2° Elle tourne *autour du Soleil* en une année, en inclinant vers lui tantôt son pôle nord et tantôt son pôle sud. La partie inclinée vers le Soleil a l'été, tandis que l'autre a l'hiver.

6. Définitions. — On nomme **axe** le pivot imaginaire autour duquel la Terre semble tourner comme autour d'une aiguille qui la traverserait.

7. On nomme **pôles** les deux points nord et sud où l'axe de la Terre semble percer la surface. Il y a deux pôles : le *pôle nord* et le *pôle sud*.

8. On nomme **équateur** la ligne imaginaire qui ferait le tour de la Terre à égale distance des deux pôles, c'est-à-dire à l'endroit où elle est le plus large.

9. On nomme **hémisphères** les deux moitiés de la sphère terrestre. Elles sont situées des deux côtés de l'équateur, l'une au nord, l'autre au sud. La moitié située au nord est l'*hémisphère nord* ou *boréal*; la moitié située au sud est l'*hémisphère sud* ou *austral*.

LA TERRE DANS L'ESPACE.

10. 1ʳᵉ LECTURE : **La Terre est ronde.** — La Terre est ronde; par suite, on ne peut jamais en apercevoir qu'une petite partie à la fois.

La gravure placée au bas de la page montre plusieurs navires situés plus ou moins près du rivage. On distingue tout entier le bateau qui est le plus voisin de la côte, et même on aperçoit la mer par-dessus ses voiles. Au contraire, du navire qui est tout au loin, déjà presque hors de la vue, on n'aperçoit plus que les voiles; la coque, c'est-à-dire le navire lui-même, a déjà disparu. Quand un navire approche du rivage, on aperçoit la pointe de ses mâts, puis ses mâts et ses voiles avant de le voir lui-même. C'est que la terre est ronde.

LA TERRE EST RONDE.

Si la terre était plate, il n'en serait pas ainsi, et on verrait indéfiniment les navires entiers, aussi loin que la vue pourrait s'étendre.

A cette première preuve que la Terre est ronde, on peut en joindre une autre aussi décisive. Sur une table

laté, en poussant toujours son doigt devant soi, on éloigne toujours un peu plus du point de départ et on y revient jamais. Au contraire, sur une orange, une boule ou un objet rond quelconque, en promenant ainsi son doigt toujours dans le même sens, on revient au point d'où on était parti. Or, on peut faire le tour de la Terre de la même manière. De nombreux navigateurs font le tour du monde, revenant à leur point de départ sans avoir jamais cessé d'aller droit devant eux. Cela ne serait pas possible si la Terre n'était pas ronde comme l'orange ou la boule.

La Terre flotte dans l'espace comme les bulles de savon que les enfants s'amusent à faire en soufflant avec une pipe ou avec une paille dans de l'eau de savon.

La Lune qui éclaire les nuits est une grosse boule, ronde comme la Terre, bien qu'elle ne paraisse pas toujours ronde. Le Soleil est une autre boule du même genre. De même, les étoiles, sont pour la plupart des boules beaucoup plus grosses que la Terre : si elles ne nous apparaissent que comme des points, c'est qu'elles sont situées à une distance considérable.

11. 2ᵉ Lecture : Pôles et Équateur. — Un jeu que les enfants connaissent bien et aiment, c'est le jeu de la toupie.

On nomme *axe* d'une toupie la ligne qui joint la tête à la pointe inférieure et autour de laquelle la toupie tourne.

La Terre n'a point de tête ni de pointe inférieure; mais elle ne cesse de tourner sur elle-même comme une toupie : elle met un jour et une nuit à faire ainsi un tour complet sur elle-même.

TOUPIE ET SON AXE.

L'axe de la Terre est la ligne autour de laquelle elle tourne : c'est comme une sorte d'aiguille qui la traverserait de part en part par le milieu. Les deux extrémités de l'axe sont appelées *pôles*, d'un mot qui signifie *pivot*, ou point autour duquel tous les autres points tournent.

En prenant une pomme ou une orange, et en la traversant par le milieu, de la queue au sommet, à l'aide d'une aiguille à tricoter par exemple, on peut se représenter facilement ce que c'est que l'axe et ce que sont les pôles de la terre. L'équateur serait la ligne qu'on tracerait autour de la pomme à l'endroit où elle

LA TERRE ET SON AXE.

est le plus large, c'est-à-dire à égale distance entre la queue et le sommet.

12. 3ᵉ Lecture : Le Jour et la Nuit. — Pourquoi, dans un jour de 24 heures, y a-t-il une partie pendant laquelle il fait clair et une partie pendant laquelle il fait obscur? C'est ce qu'une expérience très simple permet de comprendre.

Si l'on place sur une table une bougie allumée et une boule, la moitié de la boule est éclairée par la bougie,

LE JOUR ET LA NUIT.

tandis que l'autre moitié reste dans l'ombre. Si l'on fait tourner lentement la boule sur son pivot, toutes les parties de celles-ci passent successivement dans la moitié éclairée et dans la moitié obscure.

La Terre qui n'est qu'une grosse boule éclairée par le Soleil, en tournant sur elle-même en vingt-quatre heures, expose tour à tour ses différentes parties à la lumière. C'est ainsi que nous avons alternativement le jour quand nous sommes dans la partie éclairée, et la nuit quand nous sommes dans la partie obscure.

Exercices.

Questionnaire. — 3. Quelle est la forme de la Terre? — 4. Combien la Terre a-t-elle de lieues de tour? — Combien de kilomètres? — Combien de fois la Terre est-elle plus étendue que la France? — La Terre est-elle le plus gros des astres?

5. De combien de mouvements la Terre est-elle animée? En combien de temps tourne-t-elle sur elle-même? Que résulte-t-il de ce mouvement? En combien de temps tourne-t-elle autour du Soleil? — 6. Qu'appelle-t-on axe de la Terre? — 7. Qu'appelle-t-on pôles de la Terre? Quels sont les deux pôles? — 8. Que nomme-t-on équateur? — 9. Que nomme-t-on hémisphères? Comment s'appellent les deux hémisphères?

Exercice d'observation. — Expliquez avec une boule qui tourne et une bougie allumée la succession du jour et de la nuit.

13. Points cardinaux et points collatéraux. — S'orienter, c'est se diriger sur la terre ou sur la mer, en se servant de *points de reconnaissance*.

Il y a deux sortes de points de reconnaissance, les *points cardinaux* et les *points collatéraux*.

14. Les **points cardinaux** sont au nombre de quatre : l'*Est*, le *Sud*, l'*Ouest*, le *Nord*. Plus simplement on les désigne souvent par leurs lettres initiales, E, S, O, N.

15. Les **points collatéraux** sont les quatre points intermédiaires situés entre les précédents : ainsi le *Sud-Est*, entre le sud et l'est ; le *Sud-Ouest*, entre le sud et l'ouest ; le *Nord-Ouest*, entre le nord et l'ouest ; le *Nord-Est* entre le nord et l'est.

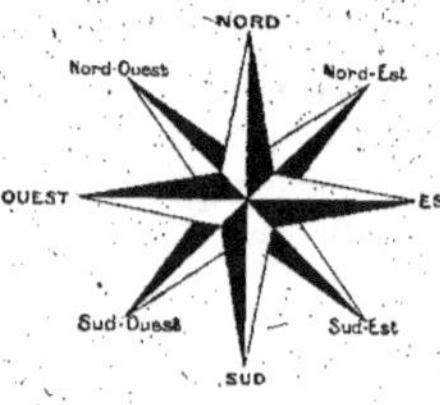

ROSE DES VENTS.

On les désigne aussi par les lettres S-E, S-O, N-O, N-E.

16. On nomme **rose des vents** l'ensemble de ces points cardinaux et collatéraux.

17. Manières de s'orienter. — On peut s'orienter de trois manières : à l'aide du *Soleil*, à l'aide de l'*Étoile Polaire*, à l'aide de la *boussole*.

L'ORIÉNTATION PAR LE SOLEIL LEVANT.

18. L'orientation à l'aide du Soleil. — On peut s'orienter à l'aide du Soleil, le jour.

Le Soleil se lève tous les matins, dans la direction de l'*est*, que pour cette raison on appelle *levant* ou *orient* (d'un mot latin qui signifie levant).

Le Soleil se couche tous les soirs dans la direction de l'*ouest*, qu'on appelle *couchant* ou *occident* (d'un mot latin qui signifie couchant).

Vers le milieu du jour le Soleil brille dans la direction du *sud*, qu'on appelle également *midi* (d'un mot latin qui signifie : milieu du jour).

A l'opposé du midi se trouve le nord ou *septentrion*.

Si on se place de manière à avoir l'ouest à sa gauche et l'est à sa droite, on a le nord devant soi et le midi derrière soi.

19. L'orientation à l'aide de l'Étoile Polaire. — On peut s'orienter à l'aide de l'Étoile Polaire, la nuit.

L'*Étoile Polaire* est une étoile qui indique toujours la direction du nord. C'est une étoile placée à l'extrémité d'un groupe d'étoiles, ou constellation, appelé la *Petite Ourse*. Elle se trouve dans le prolongement des deux dernières étoiles d'une autre constellation très brillante appelée la *Grande Ourse* ou le *Chariot*. Elle est très brillante et on la trouve facilement dans le ciel.

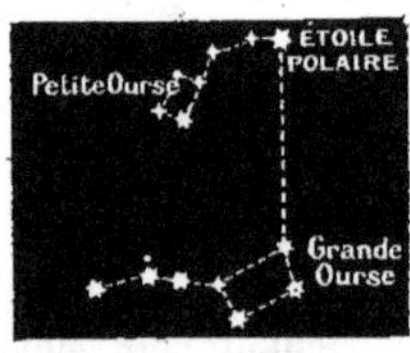

ÉTOILE POLAIRE.

BOUSSOLE.

20. L'orientation à l'aide de la boussole. — On peut s'orienter à l'aide de la boussole en tout temps.

La *boussole* est un cadran au centre duquel est placée une aiguille aimantée et mobile, dont l'une des pointes se dirige toujours vers le nord. Si on écarte cette pointe de la direction du nord, elle y revient toujours.

21. 1ʳᵉ Lecture : Utilité de l'orientation. — La terre est très vaste par rapport à l'homme et l'on ne peut jamais en apercevoir qu'une petite partie à la fois. Cette étendue visible augmente avec la hauteur du point où l'on est placé. Au pied d'une montagne on aperçoit bien moins loin que si l'on est au sommet.

On nomme *horizon* la ligne où s'arrête notre vue et où le ciel et la terre paraissent se toucher.

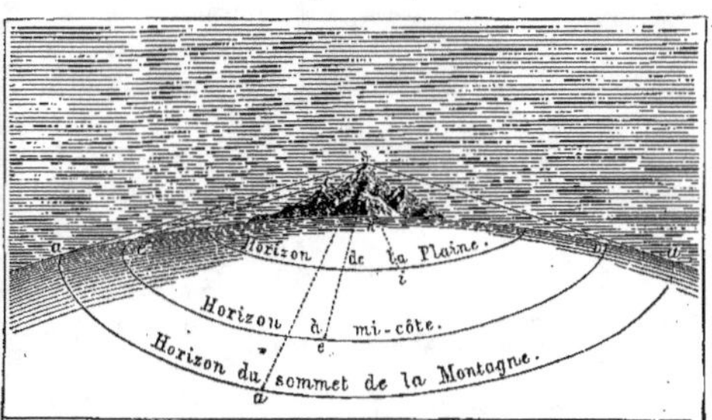

L'HORIZON PLUS ÉTENDU A MESURE QUE L'ON S'ÉLÈVE.

Plus on s'élève sur une montagne, et plus l'horizon s'étend, autrement dit plus on découvre de pays : l'horizon est plus vaste à mi-côte que dans la plaine, au sommet de la montagne qu'à mi-côte. Du haut d'une montagne élevée, on peut voir à 10 ou 15 lieues à la ronde.

L'horizon semble alors immense; il ne forme pourtant qu'un bien petit coin de la terre. Un bon marcheur atteindrait en deux jours les lieux qui, du haut de la montagne, semblaient marquer la fin du monde. Or, si cet homme voulait faire le tour de la terre, en faisant 40 kilomètres par jour, il lui faudrait près de trois années de marche, en marchant tous les jours, pour y parvenir.

On voit combien il est nécessaire d'apprendre à se diriger sur la terre pour ne pas s'y perdre et pour aller directement où l'on veut.

Quand nous avons à marcher dans un pays que nous connaissons bien, nous disons que pour aller d'ici à là il faut suivre telle route, tourner à droite de telle maison, passer au coin du bois, prendre le sentier qui longe le ruisseau. Ce sont ces détails qui permettent de reconnaître avec précision le chemin suivi. Les points cardinaux nous fournissent des indications analogues pour nous diriger partout.

22. 2ᵉ Lecture : Comment retrouver les points cardinaux? — Quand on connaît la position d'un des quatre points cardinaux, on peut retrouver celle des trois autres sans difficulté.

Si on connaît la direction du nord, on se place tout droit en face de cette direction, les deux bras étendus : on a ainsi le nord devant soi, le midi derrière soi, l'est à droite, l'ouest à gauche.

Or, il nous est toujours facile de trouver la direction du nord. Pendant une nuit claire, l'Étoile Polaire nous l'indique; pendant le jour ou par une nuit obscure, on peut l'obtenir au moyen de la boussole.

Si on connaît la direction de l'est, et si on regarde dans cette direction, on a l'ouest derrière soi, le sud à main droite et le nord à main gauche.

L'ORIENTATION

Or, on sait toujours à peu près de quel côté est l'est, c'est-à-dire de quel côté le soleil se lève tous les matins.

Il faut observer qu'on ne peut se guider à l'aide du soleil et de l'Étoile polaire que par un jour clair et une nuit claire; au contraire, avec une boussole on peut s'orienter jour et nuit, quel que soit le temps.

Exercices.

Questionnaire. — 13. Qu'est-ce que s'orienter? Combien y a-t-il de sortes de points de reconnaissance? — 14. Combien y a-t-il de points cardinaux? Quels sont-ils? Comment les désigne-t-on en abrégé? — 15. Combien y a-t-il de points collatéraux? Quels sont-ils? Comment désigne-t-on en abrégé le sud-ouest? le nord-est? — 16. Comment nomme-t-on la figure formée par l'ensemble des points cardinaux et collatéraux?

17. De combien de manières peut-on s'orienter? — 18. Comment peut-on s'orienter à l'aide du Soleil? Quels sont les différents noms qu'on emploie pour désigner l'est? l'ouest? le sud? le nord? — 19. Qu'est-ce que l'Étoile Polaire? Dans quelle constellation est-elle placée? Comment peut-on la retrouver dans le ciel? — 20. Qu'est-ce que la boussole? Quelle direction indique toujours l'aiguille aimantée?

Exercices d'intelligence. — *De quel côté de l'école le Soleil se lève-t-il? — Se lève-t-il souvent? — De quel côté de l'école est le Soleil à midi? — De quel côté est-il le soir? — Savez-vous à quel moment de la journée votre corps projette la plus petite ombre sur le sol? — Pourquoi les ombres des arbres sont-elles plus longues le soir qu'à midi?*

Regardez vers le nord : quelles sont les maisons que vous voyez dans cette direction? — Quels sont les bourgs et les villages qu'on trouverait de ce côté? — Quand vous regardez vers le nord, de quel côté est l'ouest? l'est? — Quel est le côté de l'école tourné vers le midi? — Quel est le côté en dehors de l'école où, en hiver, on a le moins froid? — De quel côté est placée votre maison par rapport à l'école? — De quel côté soufflent les vents froids en hiver? — Regardez vers l'ouest : où est alors placé le nord? le sud? l'est? — Regardez vers le midi : où se trouvent alors l'ouest? le nord? l'est?

23. Représentation de la Terre. — Il y a deux manières principales de représenter l'ensemble ou une partie de la surface de la terre.

On peut la représenter : 1° à l'aide de *globes* ; 2° à l'aide de *cartes géographiques*.

24. Globes. — Les *globes* sont des boules rondes ayant la forme du globe terrestre. On y voit  représentés, avec plus ou moins de détails, tout ce qui existe d'important à la surface de la terre : les mers et les continents, les montagnes et les fleuves, les canaux et les chemins de fer, les États et les villes.

UN GLOBE TERRESTRE.

Les globes donnent la meilleure représentation de la terre parce qu'ils sont ronds comme elle. Seulement ils ne donnent qu'une image forcément réduite du globe terrestre parce que, comme on ne pourrait loger dans les maisons des globes de très grandes dimensions, on les fait toujours petits.

25. Cartes géographiques. — Les *cartes géographiques* sont des dessins tracés sur du papier et représentant les parties de la terre à plat, comme si elle n'était pas ronde, comme si on les voyait du haut d'un ballon.

Sur les cartes, le nord est en haut de la page, le sud en bas, l'ouest à gauche, l'est à droite.

26. LECTURE : Comment dresse-t-on un plan ? — Une carte, c'est le plan d'une partie de la terre. Voyons comment on dresse un plan, c'est-à-dire comment on représente une salle, une maison, un champ, une commune, un pays, par un dessin qui en donnera en petit l'idée précise.

Proposons-nous, par exemple, de dresser le plan d'une classe. C'est une grande salle de tant de mètres de longueur sur tant de mètres de largeur. Mesurons-en d'abord les côtés.

Les mesures réunies, nous prenons une feuille de papier blanc, une règle, un crayon et un double décimètre ; puis nous convenons de représenter sur le papier chaque longueur de la classe par une longueur 100, 200 fois plus petite, par exemple de représenter chaque mètre par une longueur de 1 centimètre, qui est cent fois plus petite.

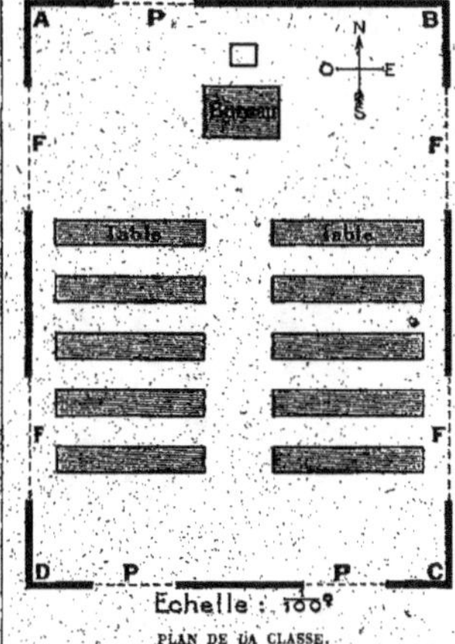

PLAN DE LA CLASSE.

Ce plan d'une classe quelconque représente au 1/100° une salle ayant 7 mètres de long sur 5 mètres de large, avec des fenêtres de 1m50 et des portes de 1 m. d'ouverture.

Dessinons alors un rectangle A B C D ayant les dimensions voulues, puis marquons l'emplacement des fenêtres et celui des portes, l'emplacement du bureau et des tables. Finalement, nous obtiendrons le plan exact de la classe, cent fois plus court qu'elle n'est. Ce plan est, dit-on, au $\frac{1}{100}$.

Si, au lieu du plan de la classe, on veut dessiner le plan de l'école, le plan de la commune, une carte quelconque d'un département, d'un pays, on opère de même. Toutefois il faut faire une remarque. Supposons que l'école soit très grande et mesure 100 mètres de long. Si l'on convenait d'en dresser le plan en représentant 1 mètre par 1 centimètre, on obtiendrait un plan long de 1 mètre et peu maniable. Plus la surface à représenter est grande, plus il faut diminuer la grandeur à laquelle on la reproduit, c'est-à-dire l'*échelle* de la carte.

Ainsi, le plan de l'école, page suivante, représente une école quelconque ayant 30 mètres de longueur sur 25 mètres de largeur à l'échelle de $\frac{1}{500}$: autrement dit 1 centimètre du plan représente 500 centimètres ou 5 mètres de longueur réelle. Si on avait voulu faire le plan de l'école à l'échelle du plan de la classe ci-dessus, le plan de l'école n'aurait pas tenu sur la page.

Dans la carte 4, placée au bas de la page suivante et représentant la région parisienne, chaque millimètre de la carte correspond à une longueur de 3 kilomètres.

27. EXERCICE : Comment lit-on une carte ? — Étudions les quatre cartes qui sont placées au bas de la page suivante.

La carte 1 représente un quartier de Paris. On y voit deux monuments connus, le *Panthéon*, tombeau des grands hommes, et la *Sorbonne*, la plus célèbre école de France. Il n'y a guère que trois minutes de marche pour aller du Panthéon à la Sorbonne. On voit facilement sur cette carte les rues à suivre pour se rendre de l'un à l'autre de ces monuments.

La carte 2 représente tout le centre de Paris, les deux rives de la Seine et les îles qu'elle baigne, *île de la Cité* et *île Saint-Louis*, qui ont été son berceau.

Dans la moitié inférieure de cette carte, on retrouvera le Panthéon et la Sorbonne ; mais ils sont figurés plus petits que sur la carte 1 parce que la carte 2 représente sur le même espace une étendue de terrain bien plus grande.

La carte 3 représente Paris et sa banlieue, c'est-à-dire Paris et les villes qui se serrent autour d'elle. Paris devient un gros point où il est impossible de figurer les rues et les monuments. On n'y aperçoit plus que la Seine qui la traverse par le milieu.

La carte 4 donne toute la région française dont Paris est le centre. On n'y voit que les plus grandes villes, les plus grandes rivières, les plus grandes voies ferrées. Cette carte nous montre l'importance relative des villes : Paris est représenté par un rond plus gros que Versailles, parce que Paris, capitale de la France et ville de près de 3 millions d'habitants, est beaucoup plus importante et beaucoup plus peuplée que Versailles. On y voit encore par la comparaison des distances que Versailles est beaucoup plus près de Paris que Chartres. On y voit enfin que Chartres est au sud-ouest de Paris, que Melun est au sud-est, que Beauvais est presque au nord.

28. EXERCICE : Comment dessine-t-on une carte ? — Pour dessiner la carte d'un pays, on reproduit les principaux détails géographiques d'un pays en indiquant avec le plus d'exactitude possible l'emplacement qu'ils occupent les uns par rapport aux autres.

L'élève fera bien de s'exercer à reproduire la carte 4. Il dessinera sur du papier blanc un rectangle de la grandeur de cette carte, puis tracera du haut en bas et de droite à gauche les deux lignes droites qui y figurent. Ces lignes qui divisent la carte en quatre carrés lui serviront de repères pour dessiner les rivières, placer les villes et les voies ferrées.

Il dessinera d'abord la Seine, puis les rivières qui la grossissent, Yonne, Marne, Oise, Eure ; la Seine étant le principal de ces cours d'eau, il écrira son nom en caractères plus gros. Il marquera ensuite les villes. Enfin il tracera les chemins de fer, en ayant soin de les représenter par un trait autre que celui qui a servi pour les rivières, afin d'éviter toute confusion.

Exercices.

Questionnaire. — 23. A l'aide de quels instruments peut-on représenter la Terre ? — 24. Que nomme-t-on globe ? Que voit-on dessiné sur un globe ? — 25. Que nomme-t-on cartes géographiques ? Dans une carte où est le nord ? le sud ? l'ouest ? l'est ?

PLAN DE L'ÉCOLE.

Échelle : 500.

Ce plan d'une école quelconque représente une école de 30 mètres de long sur 25 mètres de large, qu'on a réduite à l'échelle de 1 centimètre pour 500 centimètres ou 5 mètres, ce qui donne un plan de 6 centimètres sur 5.

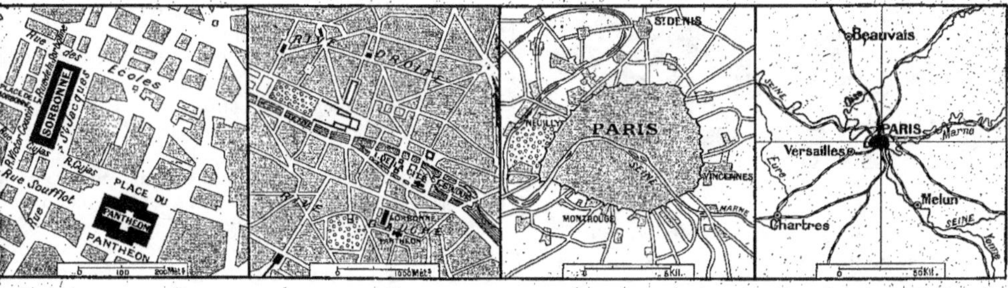

1. QUARTIER DE LA SORBONNE, PARIS.   2. CENTRE DE PARIS.   3. PARIS ET SA BANLIEUE   4. LA RÉGION PARISIENNE.

29. Relief du sol. — Le *relief du sol* est l'ensemble des inégalités qui recouvrent la surface d'un pays.

Il y a trois formes principales de relief : la *montagne*, la *plaine*, le *plateau*.

30. Montagnes et Vallées. — Les *montagnes* sont de grands amas naturels de terres et de rochers : ce sont les parties de la terre qui montent. On nomme *colline* une petite montagne et *coteau* une petite colline.

31. Les différentes parties d'une montagne ou d'une colline sont : en bas, le *pied*; — sur les côtés, le *versant*, la *pente* ou le *flanc*; — en haut, le *faîte*, la *cime*, le *sommet*, ou la *crête*.

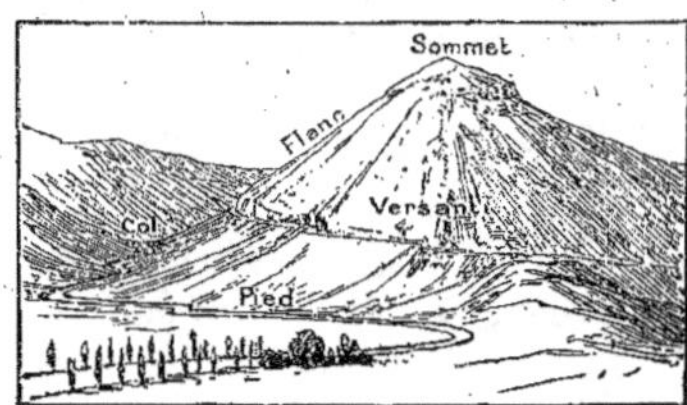

UNE MONTAGNE.

32. Une *chaîne de montagnes* est une suite de montagnes; un *massif* est un ensemble de chaînes.

33. Une *vallée* est une partie basse encaissée entre deux versants de montagnes; un *vallon* est une petite vallée; une *gorge* ou *défilé* est une partie de vallée très resserrée entre des hauteurs.

UNE VALLÉE.

34. Un *col* est un abaissement de la montagne par lequel on peut la franchir plus facilement et passer d'un versant sur l'autre.

35. Volcan. — Un *volcan* est une montagne qui parfois rejette des vapeurs et des matières enflammées et liquides venues de l'intérieur du globe.

UN VOLCAN.

On nomme *laves* les matières fondues vomies par le volcan, et *cratère* l'ouverture par laquelle elles sont rejetées.

36. Plaine. — Une *plaine* est une étendue de pays plat ou presque uni, peu élevé au-dessus du niveau de la mer.

37. Plateau. — Un *plateau* est une plaine assez élevée au-dessus du niveau de la mer.

 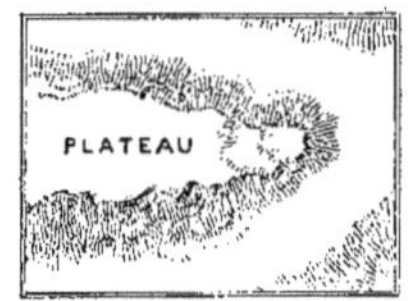

UN PLATEAU.

38. Désert. — Un *désert* est une étendue de sables ou de pierres, stérile faute d'eau.

On nomme *oasis* les parties d'un désert où il y a de l'eau, et, par suite, des arbres, de la verdure.

39. LECTURE : **Montagnes et Plaines.** — La fig. 2 nous montre un pays de plaines et la fig. 4 un pays de montagnes. Il suffit de les regarder attentivement l'une après l'autre pour voir combien il y a de différences entre les montagnes et les plaines.

La fig. 2 représente une plaine française, la plaine du Berry. Cette plaine est plate, l'œil peut s'y étendre sans obstacle à perte de vue. La plaine du Berry est couverte de champs de blé, et l'on y voit de nombreux troupeaux de moutons. D'autres plaines sont couvertes de prés ombragés d'arbres; d'autres encore sont couvertes de vignobles. La culture change, mais en général les plaines de nos pays sont les parties les mieux cultivées et les plus riches.

En outre, c'est dans la plaine qu'on voyage le plus facilement. Dans la plaine, les routes sont plates comme la plaine elle-même; on y rencontre des côtes peu nombreuses et peu raides; en voiture, on peut y trotter pendant plusieurs kilomètres sans arrêt.

La fig. 4 nous représente un pays de montagnes. En bas, encaissée entre des murailles de rochers, s'étend la vallée avec son petit bourg, ses prairies, son torrent. Quand l'hiver arrive, la vallée est toute couverte de neige qui reste sur le sol pendant des semaines et même

toujours dans les glaces des montagnes. On ne s'y aventure généralement qu'à plusieurs, et tous se lient les uns aux autres par de grosses cordes (fig. 1) : par ce moyen, si l'un des voyageurs tombe dans un trou, ses camarades peuvent l'en retirer. Il est toujours pénible et souvent périlleux de voyager dans la montagne.

La fig. 3 nous montre un plateau, région qui tient à la fois de la montagne par ses bords qui sont escarpés comme le versant des montagnes, et de la plaine par sa surface qui est plate comme une plaine.

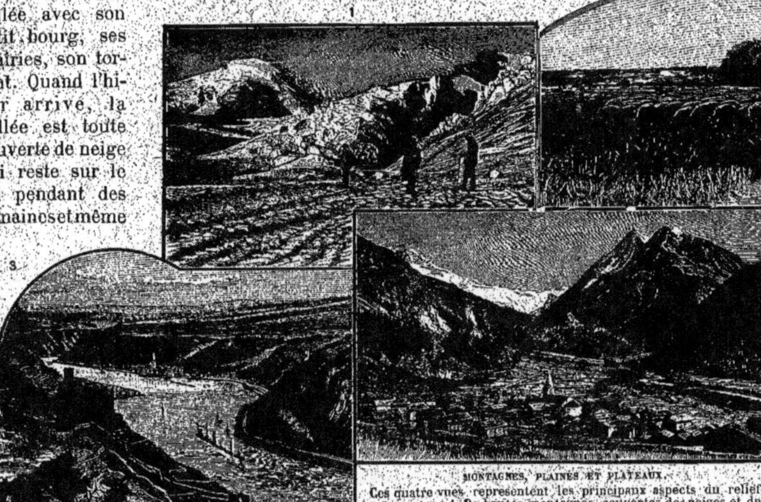

MONTAGNES, PLAINES ET PLATEAUX.

Ces quatre vues représentent les principaux aspects du relief terrestre : 1. De hautes montagnes, couvertes de neiges et de glaces (*Phot. Lacombe et Arlaud*). — 2. Une grande plaine du Berry, au centre de la France (*Phot. Lefèvre*). — 3. Un plateau en contre-bas duquel coule un grand fleuve, le Rhin. — 4. Une vallée des Alpes suisses (*Phot. Julien*).

pendant des mois. Aussi les cultures sont-elles rares; plus de vignes et plus de champs de blé; sans les troupeaux, le lait, le fromage et le beurre, on aurait peine à y vivre. Par suite, les habitants sont bien moins nombreux dans la montagne que dans la plaine.

Voyez, d'ailleurs, comme il est difficile de sortir de cette vallée que de hautes montagnes entourent de trois côtés. Il n'y a pas de routes sur les pentes; on n'a pu établir que des sentiers à travers ces rochers à pic et ces forêts. Les voitures ne peuvent y passer; il faut gravir ces pentes à dos de mulet ou à pied, lentement, péniblement.

La montagne qui barre le fond de la vallée a ses sommets tout blancs, c'est qu'elle est couverte de neige et de glace. La fig. 1 nous montre de près ces montagnes qui toute l'année restent blanches. On ne peut s'y avancer qu'avec les plus grandes précautions pour éviter de tomber dans les crevasses qui se forment

Exercices.

Questionnaire. — 29. Que nomme-t-on relief du sol? Quelles sont les trois formes principales de relief? — 30. Qu'appelle-t-on montagne? colline? coteau? — 31. Comment appelle-t-on le bas d'une montagne? les côtés? le haut? — 32. Que nomme-t-on chaîne? massif? — 33. Que nomme-t-on vallée? vallon? gorge ou défilé? col? — 35. Que nomme-t-on volcan? lave? cratère? — 36. Qu'appelle-t-on plaine? — 37. Qu'est-ce qu'un plateau? — 38. Qu'est-ce qu'un désert? une oasis?

Exercices d'observation. — Regardez les figures de cette page; laquelle représente une plaine? — Laquelle représente un pays de montagnes? — Laquelle un plateau? — Pourquoi y a-t-il des neiges et des glaces sur les montagnes de la fig. 1? — Dans la fig. 4 comment appelez-vous le fond plat qui s'étend entre les deux versants opposés de la montagne? — Pourquoi les voyageurs de la fig. 1 se sont-ils attachés avec des cordes?

Exercices d'intelligence. — *Quel est l'aspect de la vallée en hiver? — Quels sont les principaux produits végétaux de la montagne? — Comment gravit-on les pentes des montagnes? — Dans la plaine, les routes sont-elles plates ou ont-elles des côtes? — Quelles cultures avez-vous vues dans la plaine? — Y a-t-il en général plus d'hommes dans les pays de plaines que dans les pays de montagnes? — Pourquoi les hommes sont-ils plus nombreux dans les plaines que dans les montagnes?*

40. Océans, mers. — Les *océans* sont les grandes étendues, et les *mers* sont les étendues plus petites d'eau salée qui couvrent la surface de la Terre.

41. Côte. — La *côte*, le *rivage* ou le *littoral* est la partie d'un pays baignée par la mer.

42. La côte peut être formée par des murs de rochers, par des collines de sable ou par de vastes étendues plates de sable. On nomme *falaises* ces murs de rochers, *dunes* ces collines de sable, *grèves* ou *plages* ces vastes étendues plates de sable.

43. Golfe. — Un *golfe* est une partie de mer qui s'enfonce au milieu des terres.

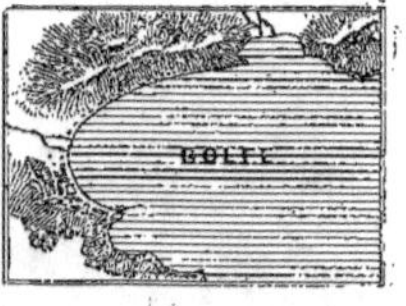

UN GOLFE.

44. On nomme *baie* ou *anse* un petit golfe, *rade* ou *havre* un enfoncement où les navires peuvent s'abriter, *port* une sorte de rade construite par les hommes au moyen de digues en maçonnerie.

45. Détroit. — Un *détroit* ou *canal* est un bras

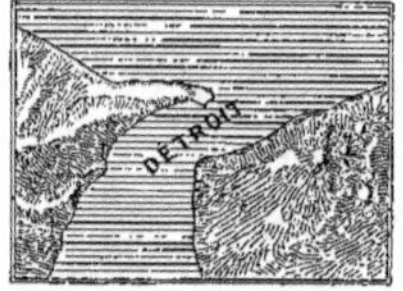

UN DÉTROIT.

de mer resserré entre deux terres et faisant communiquer deux mers.

UNE ILE.

46. Ile, archipel. — Une *île* est une terre entourée d'eau de tous côtés; un *îlot* est une petite île; un *archipel* est un groupe d'îles et d'îlots.

47. Presqu'île, cap. — Une *presqu'île* ou *péninsule* est une terre qui est presque une île, c'est-à-dire qui est entourée d'eau de tous les côtés, sauf un par lequel elle tient à la terre.

UNE PRESQU'ILE.

48. Un *cap*, *pointe* ou *promontoire* est une terre qui s'avance dans la mer.

49. Isthme. — Un *isthme* est une étroite bande de terre qui sépare deux mers et relie deux terres.

50. 1re LECTURE : **Les Mers et les Marées.** — La surface de la mer est rarement tranquille comme celle d'un lac. Presque toujours les eaux en sont plus ou moins agitées, tantôt par des rides légères, tantôt par de gros bourrelets en forme de crêtes, couverts d'écume au sommet : ces rides, ces bourrelets en forme de crêtes, ce sont les vagues.

Les vagues sont le résultat des tempêtes, des vents et des marées.

Les 2 figures de la page 11 font comprendre le mouvement des marées. Deux fois par jour la mer s'enfle lentement et envahit les baies en même temps que toutes les parties inférieures des îles et du continent. Deux fois par jour, de même, elle baisse doucement et se retire, laissant à sec une partie du terrain qu'elle avait recouvert à marée haute.

La fig. 1 nous montre l'aspect d'une côte à marée basse, et la fig. 2 celui de la même côte à marée haute. Il s'écoule environ six heures entre le moment où la mer est haute et celui où elle est basse, et réciproquement.

La comparaison des deux figures nous montre de plus combien la forme du rivage change suivant la hauteur de la marée.

La pointe où s'élève la maison est, à marée basse, une presqu'île rattachée au continent par un petit isthme. A marée haute, cette pointe est devenue une île ; la mer a recouvert l'isthme, et à la place de celui-ci s'étend un détroit. Il est facile de voir, en outre, qu'à marée haute l'île est beaucoup moins vaste que la

1. MARÉE BASSE.

2. MARÉE HAUTE.

la mer. La mer est agitée au large, calme dans le port où les bateaux se sont mis à l'abri.

presqu'île n'était à marée basse, parce que la mer en a recouvert tout le pied.

51. 2ᵉ LECTURE : **Côtes diverses.** — Les côtes présentent les aspects les plus divers selon qu'elles sont basses ou élevées, formées de sable ou de roches.

La fig. 1 représente une côte rocheuse, formée de falaises qui se dressent comme un grand mur dont la mer baigne le pied.

La fig. 2 nous montre une plage ou grève, formée de sable fin : telles sont les plages que fréquentent les baigneurs pendant l'été.

La fig. 3 nous montre un port fermé par une digue de pierre qui ne laisse qu'une étroite communication avec

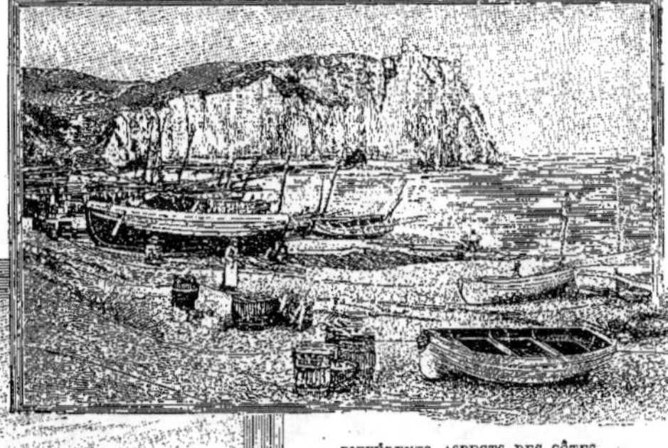

DIFFÉRENTS ASPECTS DES CÔTES.

Ces gravures représentent : 1. Une côte formée de falaises. — 2. Une plage de sable fin. — 3. Un petit port où des bateaux sont abrités derrière une jetée en pierre. — On trouvera à la page 37 d'autres vues de côtes présentant des aspects analogues.

Exercices.

Questionnaire. — 40. Que nomme-t-on océan ? mer ? — 41. Que nomme-t-on côte ? Quels autres noms donne-t-on aux côtes ? — 42. De quoi peut être formée la côte ? Comment l'appelle-t-on quand elle est formée par un mur de rochers ? par des collines de sable ? par de grandes étendues plates de sable fin ? — 43. Que nomme-t-on golfe ? — 44. Qu'est-ce qu'une baie ? une rade ou havre ? un port ? — 45. Que nomme-t-on détroit ou canal ? — 46. Que nomme-t-on île ? îlot ? archipel ? — 47. Que nomme-t-on presqu'île ? Comment appelle-t-on encore une presqu'île ? — 48. Que nomme-t-on cap, pointe ou promontoire ? — 49. Qu'est-ce qu'un isthme ?

Exercices d'observation. — Regardez la vue intitulée marée basse : que représente-t-elle ? — Que représente la vue intitulée marée haute ? — Qu'est devenue, à marée basse, l'île du nº 2 ? le détroit du nº 2 ? — Que devient, à marée haute, la presqu'île du nº 1 ? l'isthme du nº 1 ? — En combien de temps se fait ce changement ?

Exercices d'intelligence. — *Avez-vous vu une île ? — A quoi ressemble une île ? — Que veut dire le mot presqu'île ? — Quel est le contraire d'une presqu'île ? d'un isthme ? d'une île ?*

52. Versants. — Le *versant* d'un fleuve ou d'une mer est l'ensemble des pentes qui versent leurs eaux à ce fleuve ou à cette mer.

53. Cours d'eau. — Les cours d'eau sont appelés, selon leur importance : *ruisseaux*, s'ils sont petits ; — *rivières*, s'ils sont moyens ; — *fleuves*, s'ils sont grands.

54. Parties d'un cours d'eau. — La *source* est le commencement d'un cours d'eau ; l'*embouchure* est sa fin dans la mer ; le *lit* est le sillon où il coule.

55. Tout cours d'eau vient de l'*amont*, ou côté de la montagne, et va vers l'*aval*, ou côté de la vallée.

56. Tout cours d'eau a deux rives : la *rive droite*, située à droite quand on descend le fil de l'eau ; la rive *gauche*, située à gauche.

TERMES GÉOGRAPHIQUES RELATIFS AUX FLEUVES.

57. L'embouchure d'un cours d'eau peut être formée par une ou plusieurs bouches. S'il n'y a qu'une bouche, elle s'appelle *estuaire* ; quand il y a plusieurs bouches, on nomme *delta* les terres basses qu'elles entourent.

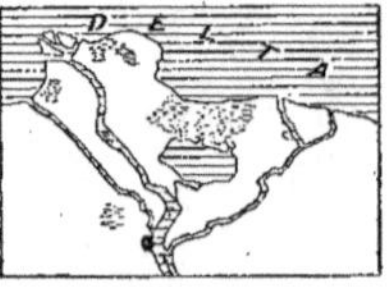

DELTA D'UN FLEUVE.

58. Fleuve. — Un fleuve est un grand cours d'eau qui réunit les eaux de toute une région et les verse à la mer.

59. Un *affluent* est une rivière qui grossit un fleuve ; — le *confluent* est l'endroit où deux cours d'eau se réunissent.

AFFLUENT ET CONFLUENT

60. Bassin. — Le *bassin* d'un fleuve est tout le pays qui lui verse ses eaux.

61. La *ceinture du bassin* est la ligne de hauteurs plus ou moins élevées qui sépare le bassin d'un fleuve des bassins des fleuves voisins.

62. La *ligne de partage des eaux* est le faîte, semblable au sommet d'un toit, qui sépare les deux versants opposés d'une chaîne de hauteurs.

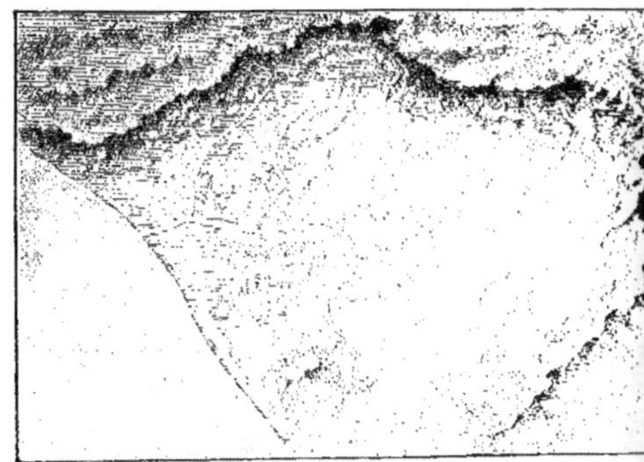

BASSIN ET LIGNE DE PARTAGE DES EAUX.

63. Lac, étang, marais. — Un *lac* est une grande masse d'eau au milieu des terres.

Un *étang* est un lac peu étendu et peu profond.

Un *marais* est une plaine recouverte d'eau dormante sans écoulement.

64. Lecture : Histoire d'un Fleuve. — Les quatre vues de cette page nous montrent les principaux aspects que présente un fleuve depuis sa source jusqu'à son embouchure dans la mer.

La fig. 1 nous montre la source. Le fleuve est formé à son origine par la réunion de plusieurs ruisseaux. L'un vient de la montagne du fond, haut sommet

LES ASPECTS SUCCESSIFS D'UN FLEUVE.

1. La région des sources dans la montagne. — 2. La partie torrentielle du cours. — 3. Le cours moyen du fleuve. — 4. Le fleuve à son embouchure dans la mer.

profond parce que des affluents sont venus le grossir. Il porte des bateaux et des barques de pêcheurs.

La vue n° 4 nous montre l'estuaire d'un grand fleuve. Grossi par les eaux que lui ont amenées de nombreuses rivières, le fleuve est si large que souvent, d'une rive, on distingue à peine la rive d'en face, quelquefois on ne la voit pas du tout. Il est très profond, la mer y monte deux fois par jour au moment de la marée haute, et il porte de grands bateaux de mer.

Exercices.

Questionnaire. — 52. Que nomme-t-on versant? — 53. Quels sont les principaux noms qu'on donne aux cours d'eau selon leur importance? — 54. Qu'est-ce que la source d'un fleuve? Comment appelle-t-on sa fin dans la mer? Que nomme-t-on lit d'un fleuve? — 55. Qu'est-ce que l'amont d'un fleuve? son aval? — 56. Qu'est-ce que la rive droite d'un fleuve? sa rive gauche? — 57. Qu'appelle-t-on estuaire? delta? — 58. Qu'est-ce qu'un fleuve? — 59. Que nomme-t-on affluent? confluent? — 60. Que nomme-t-on bassin d'un fleuve? — 61. Qu'est-ce que la ceinture du bassin? — 62. Qu'est-ce que la ligne de partage des eaux? — 63. Qu'est-ce qu'un lac? un étang? un marais?

Exercices d'observation. — Regardez la figure n° 1 : combien y voyez-vous de ruisseaux? — D'où vient l'eau qui forme ces ruisseaux? — Pourquoi n'y a-t-il pas de bateau sur le cours d'eau de la fig. n° 2? — Pourquoi le cours d'eau de la fig. n° 3 est-il plus lent que celui de la fig. n° 2? — Pourquoi porte-t-il un bateau? — Pourquoi y a-t-il de gros navires sur le fleuve de la fig. n° 4?

Exercices d'intelligence. — *Avez-vous vu un ruisseau? — A-t-il toujours la même quantité d'eau? En a-t-il plus ou moins quand il a plu? — Où va l'eau du ruisseau? — Pourquoi certains cours d'eau sont-ils plus rapides que les autres? — Avez-vous jeté une pierre dans la rivière? Qu'est-elle devenue? — Y avez-vous jeté de la terre? Qu'est-elle devenue? Pourquoi l'eau est-elle devenue sale à l'endroit où vous avez jeté la terre? — Pourquoi le ruisseau a-t-il des eaux si sales après qu'il a beaucoup plu? — Où va la terre que le ruisseau arrache à ses rives? — Pourquoi les fleuves débordent-ils quelquefois? — Avez-vous vu une inondation et pouvez-vous dire les dégâts que fait un fleuve débordé?*

couvert de neiges et de glaces qui fondent en partie au chaud soleil d'été. L'autre, venu d'une montagne moins élevée, sans neige, est formé par l'eau des pluies. Ces ruisseaux sont peu larges, peu profonds, mais très rapides. Ils se sont réunis dans un petit lac au pied de la montagne.

La fig. 2 nous montre le fleuve dans la montagne, quand il n'est encore que torrent, coulant dans un lit étroit et encombré de roches. Il est facile de comprendre qu'on ne va pas en bateau sur un torrent semblable.

La fig. 3 nous montre le fleuve après qu'il a quitté la montagne, quand il a atteint la plaine. Le fleuve, qui coule à travers un pays plat, n'a plus qu'une faible pente; il est plus lent. Il est aussi plus large et plus

OBJET DE LA GÉOGRAPHIE

Phrases à compléter. — 1. La géographie est ...... — 2. L'étude de la géographie nous fait connaître tout ce qui se trouve sur la surface de la terre, c'est-à-dire ses ......, ses ......, ses ......, etc. (Faire une énumération aussi complète que possible).

LA TERRE DANS L'ESPACE

Phrases à compléter. — 3. La Terre a la forme d'une ...; elle est ... — 4. La Terre a ... lieues ou ... kilomètres de tour; elle a ... fois l'étendue de la France. — 5. La Terre est animée de ... mouvements; elle tourne sur elle-même en ... ...; elle tourne autour du soleil en ...... — 6. On nomme axe ...... — 7. On nomme pôles ...... — 8. On nomme équateur ...... — 9. Un hémisphère est une ...... — 10. La Terre est plus de ... fois plus petite que le soleil. — 11. Les deux hémisphères sont l'hémisphère ... et l'hémisphère ...

Exercice de cartographie. — 12. Dessiner la Terre dans l'espace; marquer l'équateur, le pôle nord et le pôle sud, l'hémisphère boréal et l'hémisphère austral.

ORIENTATION ET POINTS CARDINAUX

Phrases à compléter. — 13. S'orienter, c'est ...... — 14. On s'oriente à l'aide ...... — 15. Les points cardinaux sont au nombre de ..., qui sont ...... — 16. Les points collatéraux sont ...... — 17. L'ensemble des points cardinaux et collatéraux forme ...... — 18. Le soleil se lève dans la direction de ..., brille au milieu du jour dans la direction ..., se couche dans la direction de ... — 19. L'étoile polaire est une étoile qui ...... — 20. La pointe aimantée de la boussole se dirige toujours vers ...... — 21. Le seul moyen que l'homme ait de s'orienter en tout temps, jour et nuit, est ...... — 22. Sur une montagne, c'est ...... que la vue est le plus étendue. — 23. Si je tends le bras droit vers le nord et le bras gauche vers le midi, j'ai devant moi ......, derrière moi ......

Exercices de cartographie. — 24. Dessiner la rose des vents en marquant les points cardinaux en toutes lettres et les points collatéraux en abrégé. — 25. Dessiner la Petite Ourse et la Grande Ourse, marquer l'Étoile polaire.

GLOBES ET CARTES

Phrases à compléter. — 26. On représente la Terre à l'aide de ... et de ... — 27. On nomme globes ...... — 28. On nomme cartes géographiques ...... — 29. Les globes donnent la meilleure représentation de la Terre parce que ...... — 30. Sur les cartes géographiques le nord est ...... de la page et l'ouest est ......

Exercices de cartographie. — 31. Dessiner le plan de la classe. — 32. Dessiner le plan de l'école avec la cour de récréation et le logement du maître.

MONTAGNES ET PLAINES

Phrases à compléter. — 33. On nomme relief du sol ..... — 34. On nomme montagnes ......; collines ......; chaîne ......; massif ...... — 35. On nomme vallée ......; vallon ......; gorge ou défilé ......; col ...... — 36. On nomme volcan ......; laves ......; cratère ...... — 37. On nomme plaine ......; plateau ......; désert ......; oasis ...... — 38. On voyage plus facilement dans la plaine que dans la montagne parce que ......

Exercices de cartographie. — 39. Dessiner une montagne en marquant le sommet, le flanc ou versant, le pied. — 40. Dessiner une carte pour représenter une chaîne de montagnes, un massif montagneux, une vallée et une plaine.

MERS ET COTES

Phrases à compléter. — 41. On nomme océans ...... mers ...... — 42. On nomme golfe ......; baie ou anse ......; rade ou havre ......; port ...... — 43. On nomme détroit ou canal ...... — 44. On nomme île ......; îlot ......; archipel ...... — 45. On nomme presqu'île ou péninsule ......; cap, pointe ou promontoire ......; isthme ...... — 46. Il s'écoule ... heures entre la marée haute et la marée basse. — 47. Le contraire d'un isthme est ......

Exercices de cartographie. — 48. Dessiner séparément un golfe; un détroit; une île; un archipel; une presqu'île; un promontoire; un isthme. — 49. Dessiner une côte avec deux golfes, une péninsule et un isthme, trois caps; près de la côte, une île et un détroit; au large, un archipel formé d'une grande île et de trois îlots.

FLEUVES ET COURS D'EAU

Phrases à compléter. — 50. On nomme versant d'un fleuve ou d'une mer ...... — 51. Les cours d'eau sont appelés ...... — 52. On nomme source ......; embouchure ......; lit ...... — 53. La rive droite d'un fleuve est située ...... — 54. On nomme affluent ......; confluent ...... — 55. On nomme bassin ......; ceinture du bassin ......; ligne de partage des eaux ...... — 56. On nomme lac ......; étang ......; marais ...... — 57. Dans son cours supérieur le fleuve est ......; il porte des bateaux dans son cours moyen parce que ......

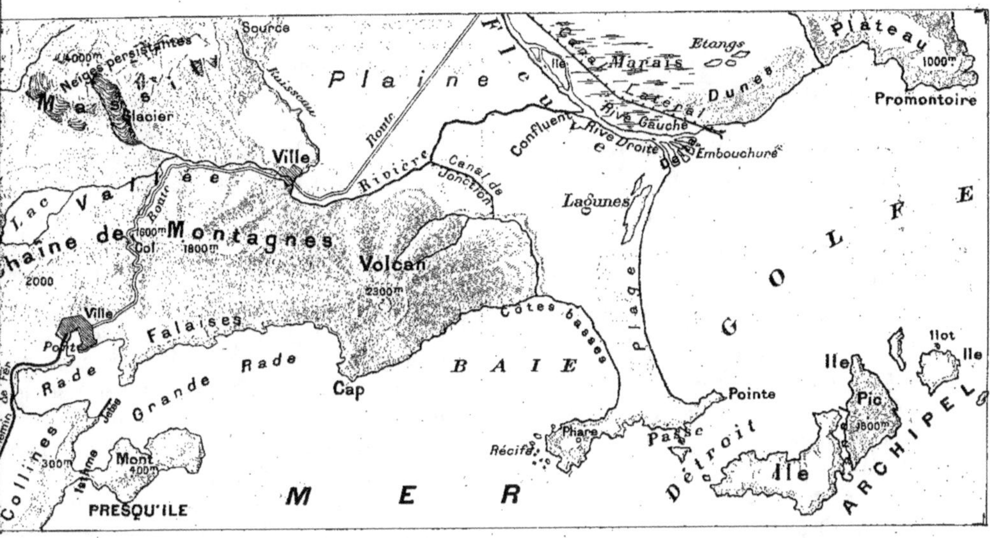

TERMES GÉOGRAPHIQUES

Exercices de cartographie. — 61. Dessiner un cours d'eau, en marquant l'amont et l'aval, la rive droite et la rive gauche. — 62. Dessiner un fleuve depuis sa source jusqu'à ses embouchures dans la mer. — 63. Dessiner un autre fleuve ayant trois affluents sur la rive droite et deux sur la rive gauche; marquer la source et les confluents. — 64. Dessiner le delta d'un fleuve.

REVISION DES TERMES GÉOGRAPHIQUES

REVISION DES TERMES GÉOGRAPHIQUES.

Exercices d'observation. — Nommez le contraire de l'étendue désignée par le numéro 1. — Quel est le contraire du passage désigné par le numéro 2 ? — Quel est le contraire du renfoncement désigné par le numéro 3 ? — Quel est le contraire de l'étendue de terre désignée par le numéro 4 ? — Par quel numéro est désigné, dans la gravure ci-contre, le contraire de cette étendue de terre 4 ? — Quel est le contraire de la pointe de terre désignée par le numéro 6 ? — Indiquez le numéro qui désigne sur la gravure le contraire de la pointe 6. — Regardez la montagne 8 : rappelez les différents noms qui désignent les côtés, le sommet; quel est le nom de la partie basse qui s'étend au pied d'une montagne ? — Que voyez-vous dans le port 11 ? Quel nom porte la construction qui protège l'entrée d'un port ? — Est-ce sur les côtes basses ou sur les côtes élevées qu'on établit les ports ? — Qu'est-ce qu'un port naturel ? artificiel ? — Qu'est-ce qui se déverse dans l'étendue d'eau 15 ? — Quel nom porte l'ouverture figurée au-dessus du numéro 9 ?

Phrases à compléter. — L'étendue 1 est....... Le passage 2 est...... Le renfoncement 3 est...... L'étendue de terre 4 est...... La portion de terre 5 est...... La pointe 6 est ...... La ligne 7 est.......

La masse de terre 8 est....... La montagne 9 est...... Le numéro 10 marque...... Le renfoncement 11 est...... Le numéro 12 indique...... La partie creuse 13 est...... La grande étendue de terre 14 est...... L'étendue d'eau 15 est......

I. — EAUX ET TERRES

65. Divisions de la Terre. — La surface du globe est occupée par des eaux et par des terres.

Les eaux (mers et océans) en couvrent les trois quarts; les terres ou continents en couvrent un quart.

66. Mers et Océans. — Les mers et océans forment une masse d'eau ininterrompue qui est tantôt large et tantôt resserrée entre les terres.

On distingue cinq océans :

L'Océan Glacial Arctique;

L'Océan Glacial Antarctique;

L'Océan Atlantique;

L'Océan Indien;

L'Océan Pacifique.

On peut faire le tour de la Terre en naviguant sur les mers; on ne peut pas le faire sans quitter les continents, isolés les uns des autres par les océans.

67. Continents et parties du monde. — Les terres forment, au milieu des océans, trois grandes masses principales ou *continents*. Ces continents se subdivisent eux-mêmes en cinq *parties du monde.*

Les trois continents sont :

L'Ancien Continent, le plus vaste;

Le *Nouveau Continent;*

Le *Continent Austral*, le plus petit.

Les cinq parties du monde sont :

L'Europe, la plus petite;

L'Asie, la plus vaste;

L'Afrique;

L'Amérique;

L'Océanie.

68. Ancien Continent. — L'Ancien Continent, le plus étendu de tous, comprend trois parties du monde : l'*Europe*, qui en occupe le nord-ouest; l'*Asie*, qui en occupe le nord-est; l'*Afrique*, qui en occupe le sud-ouest.

Il n'y a pas de séparation entre l'Europe et l'Asie; mais l'Afrique ne touche pas à l'Europe, et n'était reliée à l'Asie, avant le percement du canal que par l'*isthme de Suez*.

69. Nouveau Continent. — Le Nouveau Continent ne comprend qu'une partie du monde, l'*Amérique*. Mais l'Amérique comprend deux masses distinctes, reliées seulement par une suite d'isthmes, dont le plus connu est l'*isthme de Panama*.

Ces deux masses distinctes sont l'*Amérique du Nord* et l'*Amérique du Sud*.

70. Continent Austral. — Le Continent Austral ne comprend qu'une partie du monde, l'*Océanie*, formée d'un très grand nombre de terres. L'une de ces terres est très étendue, l'*Australie*; d'autres sont grandes; la plupart sont petites ou très petites, et sont comme perdues au milieu de l'Océan Pacifique.

Exercices.

Questionnaire. — 65. Par quoi est occupée la surface du globe? Quelle portion de cette surface occupent les océans? les continents? — 66. Combien distingue-t-on d'océans? Nommez-les. — 67. Combien les terres forment-elles de continents? Combien de parties du monde? Nommez les trois continents, les cinq parties du monde. — 68. Quelles parties du monde comprend l'Ancien Continent? Y a-t-il une séparation entre l'Europe et l'Asie? L'Afrique touche-t-elle à l'Europe? Quel est l'isthme qui relie l'Asie à l'Afrique? — 69. Combien le Nouveau Continent comprend-il de parties du monde? Combien l'Amérique comprend-elle de parties? Par quoi l'Amérique du Nord est-elle reliée à l'Amérique du Sud? — 70. Combien le Continent Austral comprend-il de parties du monde? De quoi est formée l'Océanie? Dans quel océan est-elle située?

Exercices d'observation. — Regardez la mappemonde de la page 1? Est-ce au nord ou au sud de l'équateur qu'il y a le plus de terres? — Près de quel pôle est situé l'Océan Glacial Arctique? l'Océan Glacial Antarctique? — Quelles parties du monde baigne l'Océan Atlantique? l'Océan Indien? l'Océan Pacifique? — Quel est le plus étendu des océans? — Peut-on faire le tour de la Terre en bateau? Peut-on le faire à pied? — Quels océans l'Amérique sépare-t-elle? — Cherchez l'isthme de Suez, l'isthme de Panama : dites où ils se trouvent. — Quelle partie de l'Ancien Continent occupe l'Europe? l'Asie? l'Afrique? — Où est l'Australie? — Quel océan est à l'est de l'Amérique? au sud de l'Asie?

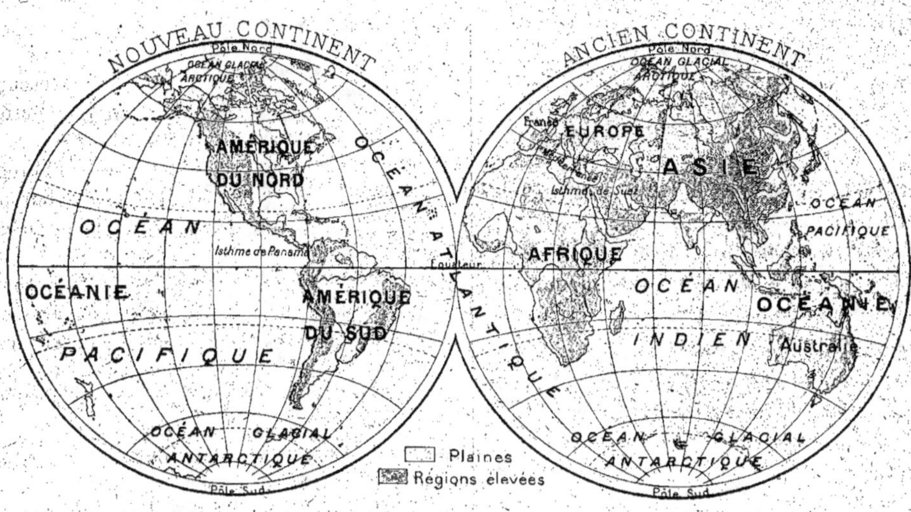

1. MAPPEMONDE

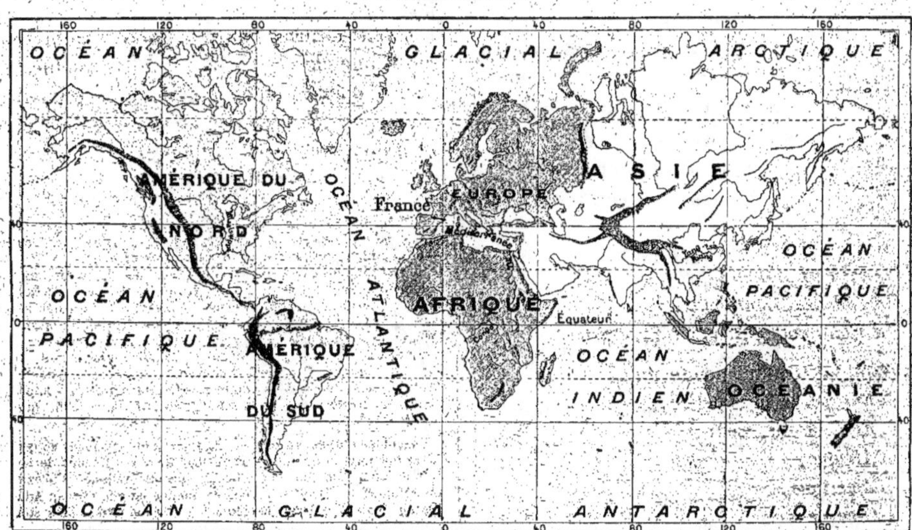

2. PLANISPHÈRE

1. La *Mappemonde* donne une figure exacte de la Terre, qui est ronde; elle montre que la Terre a sa plus grande largeur sous l'équateur; cette largeur diminue graduellement de l'équateur vers les deux pôles.

2. Le *Planisphère* donne une figure bien moins exacte de la Terre, puisque, d'après lui, la Terre serait aussi large aux pôles qu'à l'équateur, ce qui n'est pas. Mais il est plus facile à consulter.

71. La Mer. — La mer couvre les trois quarts de la surface du globe terrestre.

Les eaux des mers sont salées; elles sont généralement agitées par les vagues, par le mouvement des marées et par des courants qui les traversent.

Leur profondeur varie beaucoup. La mer du Nord et la Manche sont peu profondes; elles n'ont guère plus de 100 mètres, ce qui est peu de chose à côté de l'Océan Atlantique et de l'Océan Pacifique où l'on a trouvé des profondeurs de huit mille et de neuf mille mètres.

72. Océans Glacials. — Il y a deux océans glacials : l'*Océan Glacial Arctique*, autour du pôle Nord, et l'*Océan Glacial Antarctique*, autour du pôle Sud.

Ces deux océans sont couverts presque toute l'année d'épais blocs de glace soudés les uns aux autres, appelés *banquises*.

L'Océan Glacial Arctique est presque partout borné par une ceinture de terre; l'Océan Glacial Antarctique est très largement ouvert et communique librement avec les autres océans.

73. Océan Atlantique. — L'Océan Atlantique s'étend entre l'Ancien Continent (Europe et Afrique), à l'est, et le Nouveau Continent, ou Amérique, à l'ouest.

Il est très étendu et très profond.

74. Océan Indien. — L'Océan Indien s'étend entre l'Afrique, l'Asie et l'Australie.

75. Océan Pacifique. — L'Océan Pacifique s'étend entre l'Amérique, l'Asie et l'Australie. C'est le plus vaste des océans; il occupe, à lui seul, un tiers de la surface de la terre. C'est aussi le plus creux des océans; il a, par endroits, plus de neuf mille mètres de profondeur.

On l'appelle *Grand Océan* à cause de son étendue, ou *Océan Pacifique* parce que les tempêtes y sont moins fréquentes que dans les autres océans.

76. Lecture : **La vie dans les mers**. — L'homme ne peut pas vivre dans la mer; mais on y trouve des végétaux et des animaux.

Les *végétaux* sous-marins sont surtout des algues.

En se retirant, la mer laisse apercevoir sur nos côtes de véritables prairies de végétaux aux longues feuilles semblables à des rubans. Sur les rochers croissent des goémons et des herbes variées. En outre, des herbes flottantes couvrent d'immenses étendues au milieu de l'Océan Atlantique, de l'Océan Indien et du Pacifique.

Les *animaux* sous-marins sont innombrables; il en est d'énormes parmi eux. C'est dans la mer que vivent les animaux les plus gros qui existent sur le globe, les baleines, les cachalots, etc. On a mesuré une baleine qui avait 30 mètres de long, 20 mètres de tour, et pesait près de 200 mille kilogrammes, le poids d'une armée de trois mille hommes.

Le nombre des animaux sous-marins est d'ailleurs considérable. Certaines espèces, comme les harengs, les sardines, les morues, vivent en bandes ou bancs, qui comprennent des centaines de mille d'individus voyageant serrés les uns contre les autres. D'un coup de filet, on en prend parfois plusieurs centaines.

Outre le sel, l'homme tire de la mer une partie de son alimentation, les poissons, les moules, les huîtres et divers coquillages.

Exercices.

Questionnaire. — 71. Quelle portion du globe couvre la mer? Quel est le goût de l'eau de mer? Qu'est-ce qui agite la surface de la mer? Quelles sont les mers les plus profondes du globe? Combien ont-elles de profondeur? Quelle est la profondeur de la Manche et de la mer du Nord?

72. Combien y a-t-il d'Océans Glacials? Où est l'Océan Glacial Arctique? L'Océan Glacial Antarctique? De quoi sont couverts ces deux océans? Lequel est borné par une ceinture de terres? Lequel est largement ouvert? — 73. Où s'étend l'Océan Atlantique? Quelles sont les trois parties du monde qu'il baigne? — 74. Où s'étend l'Océan Indien? — 75. Où s'étend l'Océan Pacifique? Quelle profondeur atteint-il? Quelle portion de la Terre occupe-t-il? Pourquoi l'appelle-t-on Océan Pacifique?

Exercices d'observation (voir le planisphère page 17). — Quel nom donne-t-on à cette partie de la mer qui avoisine le pôle Nord? — Quel est le nom de celle qui avoisine le pôle Sud? — Quel est l'océan situé à l'ouest de l'Ancien Continent? — Quel côté de l'Amérique baigne l'Océan Atlantique? — Quels sont les océans qui baignent l'Amérique? l'Afrique? l'Asie? l'Europe? — Est-ce au nord ou au sud de l'équateur que les mers occupent le plus d'étendue?

Exercices d'intelligence. — *Avez-vous vu la mer? — Sa surface est-elle unie comme celle d'un miroir? — Pourquoi l'homme ne pourrait-il pas vivre dans la mer? — Trouve-t-on des végétaux dans la mer? — Y trouve-t-on des animaux? — Quels sont les plus gros animaux qu'on trouve dans la mer? — Comment vivent les harengs, les sardines, les morues? — Quels sont les aliments que la mer fournit à l'homme?*

77. Principales régions terrestres. — Les principales régions terrestres sont : la *région équatoriale*, les *déserts*, la *zone tempérée* et les *régions polaires*.

LES RÉGIONS ÉQUATORIALES.
1. Les animaux : éléphants et hippopotames. — 2. les végétaux : fougères géantes. — 3. Les habitants : sauvages de l'Afrique centrale.

78. Région équatoriale. — La région équatoriale a un climat chaud et humide, une végétation puissante et de gros animaux. Ses habitants sont presque tous sauvages.

79. Déserts. — Les déserts ont un climat chaud, mais extrêmement sec. Aucune plante n'y recouvre les sables et les pierres qui forment le sol. Les hommes y sont rares et nomades.

Les parties des déserts qui ont de l'eau forment les *oasis*, îlots de verdure parmi les sables.

80. Zone tempérée. — La zone tempérée a un climat ni trop chaud, ni trop humide. On y trouve des champs de blé et des vignes, des cultures industrielles (betterave, chanvre, lin), des pâturages et des forêts. Cette zone nourrit les principaux peuples civilisés.

81. Régions polaires. — Les régions polaires ont un climat très rude ; il y gèle pendant les trois quarts de l'année. Le sol, couvert de neiges et de glaces, ne produit rien ; les habitants, d'ailleurs très peu nombreux, vivent de la pêche et de la chasse.

82. 1re Lecture : **La région équatoriale.** — La région équatoriale est caractérisée d'abord par la puissance de sa végétation. Une grande partie en

est couverte par une forêt.

épaisse d'arbres très gros et très élevés sous lesquels croissent des fougères géantes, cinq ou six fois plus grandes qu'un homme. Il est très difficile de se frayer un chemin à travers ces immenses étendues où le jour peut à peine pénétrer.

Elle est caractérisée ensuite par la grosseur de ses animaux. Parmi les principaux animaux de la région équatoriale, on peut citer le lion, le tigre, l'éléphant, le rhinocéros, l'hippopotame, le chimpanzé. Dans les fleuves et les marais vivent les crocodiles. C'est aussi dans cette région qu'on trouve les grands serpents, comme le serpent boa qui peut d'un coup engloutir un homme ou étouffer un taureau dans ses replis.

Les hommes de la région équatoriale ne cultivent guère le sol. Ils vivent de la chasse, de la pêche ou des fruits que donnent l'arbre à pain, le cocotier (noix de coco), l'arbre à beurre, etc. Ils sont sauvages.

83. 2ᵉ Lecture : Déserts et Oasis.. — Il y a des pays où il ne pleut jamais ou presque jamais : tel est le Sahara, en Afrique. Par suite, les plantes n'y peuvent pousser. On n'y voit au loin que des sables amoncelés en dunes, et d'immenses étendues de pierres sèches. Aussi n'y trouve-t-on que très peu d'hommes, pour la plupart nomades. On ne vit pas dans le désert, on se contente de le traverser sur le dos des chameaux, animaux très sobres qui peuvent rester plusieurs jours sans boire.

De place en place, dans les déserts, il y a un puits, une source, un bout de ruisseau qui sort d'une source. Avec l'eau reparaissent les arbres, les cultures, la vie. Ces places riantes et peuplées au milieu du désert sont les oasis. C'est là que les caravanes font halte.

84. 3ᵉ Lecture : Les régions tempérées. — Les régions tempérées sont plus chaudes au sud, plus froides au nord, mais partout la chaleur y est supportable

et le froid n'y est rigoureux qu'exceptionnellement. De même, certaines régions tempérées sont plus humides, et d'autres plus sèches, mais dans aucune il ne s'écoule jamais plusieurs années, ou même plusieurs mois, sans qu'il pleuve.

PAYSAGES DES RÉGIONS TEMPÉRÉES.

1. Vue prise au Japon. — **2.** Une ferme et son clos d'arbres, dans la Normandie française.

Pour cette raison, si la végétation y est moins puissante que dans la région équatoriale, si les forêts sont moins touffues, on n'y trouve point de déserts. C'est dans cette zone qu'est située la France; c'est dans cette zone que sont aussi les principaux États européens, la Chine et le Japon en Asie, les États-Unis, en Amérique. De toutes les régions terrestres, c'est celle

DÉSERT ET OASIS.

qui renferme le plus grand nombre d'hommes.

Parmi les produits végétaux des régions tempérées, il y a : dans les régions les plus chaudes, par exemple sur les rives de la Méditerranée, les orangers, les citronniers, les vignes; en Chine, le riz et le thé; dans les régions moins chaudes, les grains (blé, avoine, orge, seigle, sarrasin ou blé noir), la betterave, le chanvre, le lin.

Les principaux arbres des forêts des régions tempérées sont les chênes, les hêtres, les tilleuls, les pins, les sapins.

Les pâturages nourrissent de nombreux animaux que l'homme a réussi à domestiquer, c'est-à-dire à apprivoiser, à dresser, à faire servir à ses besoins : tels le bœuf qu'il fait labourer, le cheval auquel il fait tirer ses voitures, le mouton, le porc, l'âne, le mulet. Ces animaux n'ont point la grosseur ni la force des animaux de la zone équatoriale; mais, au lieu d'être une menace et un danger pour l'homme, ils constituent pour lui un auxiliaire, une aide dans ses travaux.

85. 4e LECTURE : **Les Régions polaires.** — Dans les régions polaires, l'hiver est une longue nuit qui dure deux, trois, quatre mois consécutifs; pendant l'été, le soleil reste sans se coucher deux, trois, quatre mois de suite.

Les hivers sont très rigoureux; il fait jusqu'à 50 ou 60 degrés de froid. Pendant neuf mois de l'année, il gèle très fort; la terre, la mer, sont gelées, couvertes de glaces et de neiges. L'été a quelques jours relativement chauds; la neige fond alors, la mer dégèle par endroits; des oiseaux volent dans les airs.

Les régions polaires n'ont point de végétation, à l'exception de quelques plantes humbles et de quelques fleurettes. Les animaux sont pour la plupart amphibies, c'est-à-dire qu'ils peuvent vivre tour à tour dans la mer et sur terre. Les principaux d'entre eux sont les phoques, les morses, les ours blancs et, dans la mer, les gigantesques baleines.

Les habitants peu nombreux des régions polaires vivent, en hiver, dans des huttes creusées dans la glace; en été, dans des tentes faites avec des peaux de bête tendues sur des pieux. Ils circulent sur terre dans des traîneaux tirés par des chiens et sur mer dans des canots faits de peaux de phoque tendues sur des carcasses d'animaux.

Les Européens viennent dans les régions polaires pêcher la baleine. On appelle *baleiniers* les navires qui viennent à chaque printemps pour faire cette pêche.

LES RÉGIONS POLAIRES.

1. Une chasse à la baleine. — 2. Les animaux de la région polaire, ours blancs, phoques, oiseaux. — 3. La nature polaire, glaces et neiges : explorateurs avec leur navire, leur traîneau et leurs chiens.

Exercices.

Questionnaire. — 77. Quelles sont les principales régions terrestres? — 78. Quel est le climat de la région équatoriale? Par quoi est-elle caractérisée? Par quelle sorte de populations est-elle habitée? — 79. Quel est le climat des déserts? Y a-t-il beaucoup de végétation dans les déserts? beaucoup d'hommes? Comment s'appellent les parties du désert où il y a de l'eau? Qu'est-ce qu'une oasis? — 80. Quel climat a la zone tempérée? Quelles cultures y trouve-t-on? A-t-elle beaucoup d'habitants? — 81. Quel est le climat des régions polaires? Que produit le sol des régions polaires? Les habitants sont-ils nombreux? De quoi se nourrissent-ils?

Exercices d'observation. — Regardez les gravures de la page 19 : quelles sont les plantes représentées dans la fig. 2? — Les fougères sont-elles des arbres dans nos pays? — Que pensez-vous de la forêt qui est représentée dans la fig. 1? — Quelle est donc la caractéristique de la végétation équatoriale? — Quels animaux sont représentés dans la fig. 1? — Connaissez-vous d'autres animaux énormes vivant dans ces régions? — Quelle race habite la région équatoriale en Afrique?

Regardez les gravures de la page 20 : de quoi est formé le sol des déserts? — Pourquoi n'y a-t-il pas de plantes sur les dunes de sable? — Quel est l'animal le plus utile pour traverser le désert? — Où font halte les caravanes? — Au Japon, en Normandie, la végétation est-elle aussi puissante que dans la région équatoriale? — Quels animaux vivent dans la zone tempérée?

Regardez les gravures de la page 21 : pourquoi l'hiver est-il si rigoureux dans les régions polaires? — Quels animaux y trouve-t-on? — Comment y circule-t-on?

RACE BLANCHE.   RACE JAUNE.

RACE NOIRE.   RACE ROUGE.

86. Population du globe. — Le globe terrestre compte un milliard et demi d'habitants.

87. Races humaines. — Les hommes appartiennent à quatre grandes races : la *race blanche*, la *race jaune*, la *race noire* et la *race rouge*.

La **race blanche** comprend presque tous les peuples européens : *Français*, *Allemands*, *Anglais*, *Russes*, *Italiens*, etc.

La **race jaune** comprend notamment les *Chinois* et les *Japonais* en Asie.

La **race noire** comprend les *nègres* qui vivent en Afrique et dans quelques pays d'Amérique.

La **race rouge** comprend les *Indiens* d'Amérique.

88. LECTURE : Habitations et costumes. — Les *habitations* sont très différentes d'un pays à l'autre.

L'Arabe nomade a pour maison une tente. Pourquoi? Parce qu'elle est facile à transporter, facile à installer, et que, dans les pays très secs où il vit, elle suffit à l'abriter. Il ne s'en contenterait pas s'il habitait un pays très froid ou bien un pays où il pleuvrait sans cesse.

En Algérie, en Italie, en Espagne, les maisons ont des toits plats. Pourquoi? Parce que, comme les pluies sont rares en ces pays, il n'est pas nécessaire d'incliner les toits pour faciliter leur écoulement. Ensuite, parce que ces toits plats forment terrasse où, le soleil couché, il est agréable d'aller goûter la fraîcheur du soir et de la nuit.

En Russie, les maisons ont des doubles fenêtres, car le climat y est très rigoureux, et l'on clôt le plus possible les maisons.

En Norvège, en Suède, en Russie, les toits des maisons sont inclinés, afin que, pendant l'hiver, il ne puisse pas s'y amasser de grosses masses de neige qui pourraient les défoncer.

Les *costumes* varient également d'un peuple à l'autre, pour des raisons du même genre.

Les nègres qui habitent les régions très chaudes du centre de l'Afrique sont toujours presque nus. Sous ces climats brûlants, ils n'éprouvent pas le besoin de se protéger par des vêtements contre un froid dont ils n'ont jamais à souffrir.

Au contraire, les Esquimaux et les autres peuples des régions polaires sont toujours vêtus de peaux ou d'épaisses fourrures qui les enveloppent et les préservent contre des froids souvent terribles, auprès desquels les froids ordinaires de nos hivers paraîtraient insignifiants.

Exercices.

Questionnaire. — 86. Combien y a-t-il d'habitants sur le globe? — 87. Combien y a-t-il de races d'hommes? Que comprend la race blanche? Pouvez-vous citer des peuples de race jaune? de race noire? de race rouge?

Exercices d'observation. — Regardez la figure où sont représentées les différentes races humaines : laquelle a les lèvres épaisses? laquelle a les cheveux laineux? — Comment les hommes de race blanche ont-ils en général la peau, les lèvres, les cheveux? — Les Chinois ont-ils de la barbe sur les joues? — Regardez les types d'habitations humaines : Pourquoi la maison algérienne a-t-elle un toit plat? — Pourquoi la maison suédoise a-t-elle un toit incliné? — La tente des Arabes du Sahara protégerait-elle bien contre la pluie, contre le froid?

TYPES D'HABITATIONS HUMAINES
1. Une maison suédoise. — 2. Une maison algérienne.
3. Une tente d'Arabes du Sahara.

89. 1ʳᵉ Lecture : **Pays humides et pays secs, pays chauds et pays froids.** — Les jours se suivent et ne se ressemblent pas. Hier il faisait beau, le ciel était pur, le soleil radieux, les routes sèches; on apercevait la campagne au loin. Aujourd'hui il pleut, de gros nuages gris courent dans le ciel; plus de soleil; les routes sont couvertes de flaques d'eau; les objets éloignés disparaissent dans la brume.

De même, les saisons sont très différentes. Il fait froid en hiver et il faut allumer du feu dans les appartements; il fait chaud en été et l'on recherche l'ombre; c'est seulement au printemps et en automne qu'on a une température ni trop chaude ni trop froide.

Il y a des régions de la terre où d'un bout de l'année à l'autre le soleil luit dans un ciel sans nuage : dans le Sahara, en Afrique, il se passe jusqu'à six ou sept années de suite sans qu'il pleuve une fois. Au contraire, en d'autres pays, par exemple en Irlande, au nord-ouest de l'Europe, il pleut deux jours sur trois.

De même, il est des pays où il fait toujours aussi chaud et plus chaud que chez nous pendant l'été : ainsi dans le voisinage de l'équateur, dans l'Amérique centrale, l'Afrique centrale. Au contraire, les régions polaires ont un climat froid, même pendant l'été où les jours les plus chauds ressemblent à nos belles journées d'hiver, claires mais froides; il y gèle pendant neuf à dix mois de l'année.

90. 2ᵉ Lecture : **Les plantes.** — Visitons nos jardins pour savoir les besoins des plantes.

Pourquoi les jardiniers arrosent-ils les fleurs en été? Parce qu'alors il fait très chaud et que le soleil boit, pour ainsi dire, l'humidité de la terre dont les plantes ont besoin. Voyez ce qui se passe un jour très chaud : les plantes se flétrissent au soleil; qu'on les arrose le soir et aussitôt elles semblent renaître. Les plantes ont donc besoin de boire pour vivre.

Les unes en ont plus besoin que les autres. Laissez passer huit jours chauds et secs sans arroser; puis regardez les hortensias : les feuilles sont jaunes, les pieds meurent. La vigne n'a pas été arrosée non plus pendant ces huit jours, et elle ne paraît pas en souffrir.

La vigne se passe donc plus facilement d'humidité que les hortensias.

De même, certaines plantes craignent des froids auxquels d'autres plantes semblent insensibles. La vigne passe tout l'hiver en pleine terre, au milieu des champs, ce qui ne l'empêche pas de reverdir au printemps, de porter des fruits en été. Que deviendraient les camélias, les géraniums, si on les laissait dehors exposés au froid et à la gelée? La vigne ne craint donc pas le froid autant que les camélias et les géraniums.

On voit la raison pour laquelle la végétation d'un pays dépend de son climat.

91. 3ᵉ Lecture : **Les Animaux, leurs corps et leurs genres de vie.** — On trouve chez les animaux toutes les variétés de jambes, de pieds et de pattes, de nez, de becs, de langues, de dents. Ces divers organes sont appropriés à la vie que mènent les divers animaux et au milieu qu'ils habitent.

L'aigle a des serres solides et un bec recourbé qui lui permettent de saisir solidement et de déchirer la chair dont il se nourrit. Voyez de même les pattes du tigre. Les pattes palmées du canard, qui le rendent si malhabile à marcher, lui permettent de nager sur les eaux au fond desquelles, grâce à son long cou, il peut aller prendre sa nourriture.

Les jambes et les sabots du cheval lui permettent de trotter sur des terrains herbeux et plats. Le héron, sur ses jambes semblables à des échasses, peut, sans se mouiller le corps, se promener dans les marais, en quête de poissons qu'il saisit en baissant son long bec emmanché d'un long cou.

Exercices.

Questionnaire. — 89. Tous les pays sont-ils des pays chauds? Comment s'appellent les pays ni trop chauds ni trop froids? Où fait-il le plus chaud, à l'équateur ou aux pôles? au pied ou au sommet de la montagne? — 90. De quoi les plantes ont-elles besoin pour croître? Toutes les plantes craignent-elles également le froid? Toutes aiment-elles également l'humidité? — 91. Tous les animaux pourraient-ils vivre sur l'eau? Comment sont faites les pattes du canard? Pourquoi l'aigle peut-il soulever parfois des agneaux? Comment vit le héron?

Exercices d'intelligence. — *Qu'arrive-il si, pendant l'été, quand il fait chaud et sec, on laisse passer plusieurs jours sans arroser les plantes? — Qu'est-ce qui arrive à beaucoup de plantes quand l'hiver est très rigoureux? — Avez-vous vu un canard? Pourquoi le canard marche-t-il si mal? Pourquoi nage-t-il si bien?*

AIGLE.   CANARDS.   CHEVAL.   HÉRON.   ÉLÉPHANT.   TIGRE.

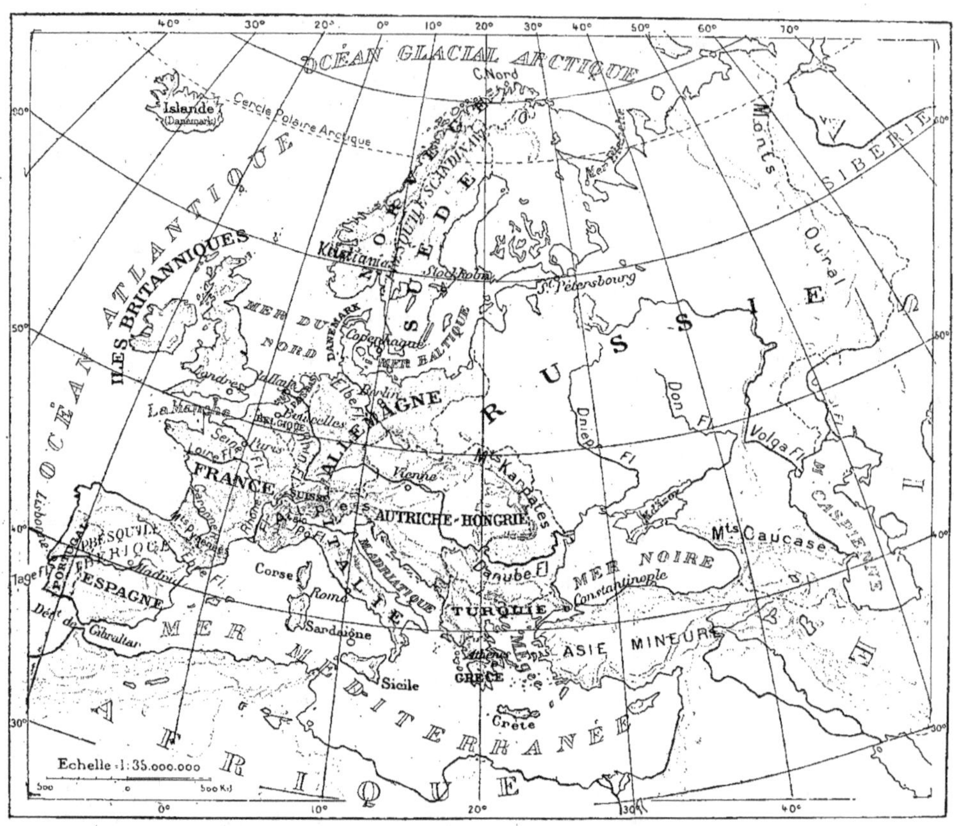

92. Limites. L'Europe occupe le nord-ouest de l'ancien monde. C'est une presqu'île de l'Asie.

Elle a pour limites : au nord, l'*océan Glacial Arctique*; au nord-ouest et à l'ouest, l'*océan Atlantique*; au sud, la *Méditerranée* et la *mer Noire*; à l'est, l'*Asie*, dont la séparent la mer Caspienne, les monts Caucase et les monts Oural.

93. Mers. — L'Europe est baignée par trois mers principales et plusieurs mers secondaires.

1° L'**océan Glacial Arctique** baigne le *cap Nord* et l'*Islande*; il forme la *mer Blanche*.

2° L'océan **Atlantique** baigne la *presqu'île scandinave* (Suède et Norvège), l'archipel des *Îles Britanniques*, la France et la *presqu'île Ibérique* (Espagne et Portugal).

Il forme la *mer Baltique*, la *mer du Nord* et la *Manche*.

3° La **Méditerranée** communique avec l'océan Atlantique par le *détroit de Gibraltar*; elle baigne la *presqu'île Ibérique*, les îles de *Corse*, de *Sardaigne* et de *Sicile*, la *presqu'île d'Italie*, la *presqu'île de Grèce*.

Elle forme la *mer Adriatique*, la *mer Égée*, la *mer Noire* et la *mer d'Azov*.

94. Montagnes. — Les principales montagnes sont :

Les ALPES, 4810 m., au centre ;

Les *Pyrénées*, entre la France et l'Espagne ;

Les *monts Karpates*, à l'est des Alpes ;

Les *monts Oural*, entre l'Europe et l'Asie ;

Le *Caucase*, au sud-est.

95. Fleuves. Les principaux fleuves se jettent :

L'*Elbe* et le RHIN, dans la mer du Nord ;

La *Seine*, dans la Manche ;

La *Loire*, la *Garonne*, le *Tage*, dans l'Atlantique ;

L'*Èbre*, le *Rhône*, dans la Méditerranée ;

Le *Pô*, dans l'Adriatique ;

Le DANUBE et le *Dniepr*, dans la mer Noire ;

Le *Don*, dans la mer d'Azov ;

La VOLGA et l'*Oural*, dans la mer Caspienne.

96. Principaux États de l'Europe. — L'Europe renferme six États principaux qui sont, par ordre de population :

1° La **Russie**, qui occupe la moitié orientale, capitale *Saint-Pétersbourg* ;

2° L'**Allemagne**, cap. *Berlin* ;

3° L'**Autriche-Hongrie**, cap. *Vienne* ;

4° Les **Iles Britanniques**, cap. *Londres* ;

5° La **France**, cap. *Paris* ;

6° L'**Italie**, cap. *Rome*.

97. Etats secondaires. — Parmi les États secondaires, on peut citer : au sud-ouest, l'*Espagne*, cap. Madrid, et le *Portugal*, cap. Lisbonne ; — au sud-est, la *Turquie*, cap. Constantinople, et la *Grèce*, cap. Athènes ; — au centre, la *Suisse* ; — au nord-ouest et au nord, la *Belgique*, cap. Bruxelles ; les *Pays-Bas*, cap. La Haye ; le *Danemark*, cap. Copenhague ; la *Suède*, cap. Stockholm ; et la *Norvège*, cap. Kristiania.

Exercices.

Questionnaire. — 92. Quelles sont les limites de l'Europe au nord ? à l'ouest ? au sud ? à l'est ? — 93. Quelles sont les trois mers principales qui baignent l'Europe ? Quelles mers secondaires forme l'Océan Glacial Arctique ? l'Océan Atlantique ? la Méditerranée ? — 94. Quelles sont les principales montagnes de l'Europe ? — 95. Quels sont les principaux fleuves qui se jettent dans la mer du Nord ? dans la Manche ? dans l'Atlantique ? dans la Méditerranée ? dans la mer Noire ? dans la Caspienne ? — 96. Quels sont les six principaux États de l'Europe ? Quelles sont les capitales de la Russie ? de l'Allemagne ? de l'Autriche-Hongrie ? des Iles Britanniques ? de la France ? de l'Italie ? — 97. Nommez et montrez les Etats secondaires.

Exercices d'observation. — Montrez sur la carte la mer Blanche, la mer Baltique, la mer Noire. — Montrez les Alpes, les Pyrénées. — Montrez la Volga, le Danube, le Rhin, la Loire.

PAYSAGES DE L'EUROPE

Ces quatre gravures représentent plusieurs pays européens très divers. — 1. Un lac d'Ecosse, pays humide et brumeux. — 2. Un coin des gorges si pittoresques que le Rhin traverse dans l'Allemagne occidentale. — 3. Une vue de la grande plaine russe, couverte de neige en hiver, sèche et poudreuse en été. — 4. Un coin des environs de Rome, en Italie, pays chaud et sec, où presque à chaque pas se rencontrent des ruines de monuments anciens, temples, aqueducs, colonnades (*Phot. Alinari*).

98. **Limites.** — L'Asie occupe la partie nord-est de l'ancien monde.

Ses limites sont : au nord, l'océan Glacial Arctique; à l'est, l'océan Pacifique; au sud, l'océan Indien; à l'ouest, la Méditerranée et l'Europe.

99. **Mers.** — L'Asie est baignée par quatre

ers principales et plusieurs mers secondaires.

1° L'**Océan Glacial Arctique**, au nord.

2° L'**Océan Pacifique**, à l'est, baigne l'*archipel Japon*, la *presqu'île de Malacca* ; il forme la *mer Japon*, la *mer Jaune* et la *mer de Chine*.

UNE DES PORTES DE PÉKIN, CAPITALE DE LA CHINE.

3° L'**Océan Indien**, au sud, baigne les *presqu'îles de Malacca*, de *l'Inde*, et *d'Arabie*. Il baigne l'île de *Ceylan*. Il forme le *golfe du Bengale*, la *mer d'Oman*, la *mer Rouge*, qu'ouvre le détroit de *Bab-el-Mandeb*.

4° La **Méditerranée**, à l'ouest, baigne la *pres-*

LE TEMPLE D'AMRITSAR, DANS L'INDE.

qu'île d'Asie Mineure, et forme la *mer Noire*.

On peut citer encore deux mers intérieures : la *mer Caspienne* et la *mer d'Aral*.

100. Montagnes. — Les principales sont :

L'HIMALAYA (Gaourisankar, 8840 m.), le *plateau du Thibet*, et le *plateau du Pamir*, les *Thian-Chan* ou *monts Célestes* et les *monts Altaï*, au centre ;

Le *Caucase*, l'*Hindou-Kouch* et le *plateau de l'Iran*, à l'ouest.

101. Fleuves. — Les principaux fleuves sont :

L'*Ob*, le *Iénisei* et la *Léna*, qui se jettent dans l'océan Glacial.

L'*Amour*, le *Hoang-Ho* ou *Fleuve jaune*, le *Yang-tsé-Kiang* ou *Fleuve bleu*, et le *Mékong*, qui se jettent dans l'océan Pacifique.

Le *Gange*, l'*Indus*, le *Tigre*, et l'*Euphrate*, qui se jettent dans l'océan Indien.

102. Colonies européennes. — Trois pays européens ont de grandes possessions en Asie. Ce sont :

1° La Russie, qui possède la **Sibérie**, cap. *Irkoutsk*, et toute l'Asie septentrionale ;

2° L'Angleterre, qui possède l'**Inde**, cap. *Calcutta*, et la **Barmanie**, à l'ouest de l'Indo-Chine ;

3° La France qui possède le **Tonkin**, cap. *Hanoï* ; l'**Annam**, cap. *Hué* ; la **Cochinchine**, cap. *Saïgon* ; et le **Cambodge**, à l'est de l'Indo-Chine.

103. États indépendants. — On peut citer :

1° La **Chine**, à l'est, cap. *Pékin*.

2° Le **Japon**, à l'est, cap. *Tokio* ;

3° Le **Siam**, au sud-est, cap. *Bangkok* ;

4° La **Perse**, à l'ouest, cap. *Téhéran* ;

5° La **Turquie d'Asie**, à l'ouest, v. pr. *Smyrne* et La Mecque, ville sainte des mahométans.

Exercices.

Questionnaire. — 98. Quelles sont les limites de l'Asie ? — 99. Quelles presqu'îles et îles baigne l'Océan Pacifique ? Quelles mers forme-t-il ? Que baigne l'Océan Indien ? Quels golfes ou mers forme-t-il ? Quelles sont les mers intérieures de l'Asie ? — 100. Quelles sont les principales montagnes ?, les principaux plateaux ? — 101. Quels fleuves se jettent dans l'Océan Glacial ? dans l'Océan Pacifique ? dans l'Océan Indien ? — 102. Que possède en Asie la Russie ? l'Angleterre ? la France ? — 103. Quels sont les principaux États indépendants ?

Exercices d'observation. — Montrez sur la carte les mers suivantes, Océan Glacial Arctique, l'Océan Pacifique, l'Océan Indien ? — Montrez l'Himalaya, les Thian-Chan ? — Montrez le Yang-tsé-Kiang, le Mékong, le Gange, l'Indus ? — Montrez la Sibérie ? — Où est située la Chine en Asie ? la Turquie d'Asie ? — Montrez sur la carte Pékin, Tokio, Calcutta ?

104. Limites. — L'Afrique occupe la partie sud-ouest de l'ancien monde. C'est une presqu'île très massive séparée de l'Europe par la Méditerranée et rattachée seulement à l'Asie par l'isthme de Suez qui est percé d'un canal.

Ses limites sont : au nord, la *Méditerranée*; à l'ouest, l'*océan Atlantique*, à l'est, la *mer Rouge* et l'*océan Indien*.

105. Mers. — L'Afrique est baignée par trois mers principales :

1° La **Méditerranée**, au nord;

2° L'océan Atlantique, à l'ouest, du détroit

le Gibraltar au cap de Bonne-Espérance; il baigne les *îles Açores*, *Madère*, *Canaries*, et du *Cap Vert*; il forme le *golfe de Guinée*;

3° **L'océan Indien**, à l'est, du cap de Bonne-Espérance au cap de Guardafui; il entoure l'*île de Madagascar* et forme la *mer Rouge*.

On peut citer encore une petite mer intérieure, le *lac Tchad*, et plusieurs lacs moins étendus.

106. Montagnes. — Les principales sont :

L'*Atlas*, au nord-ouest;

Les *monts d'Éthiopie*, le mont *Kénia* et le *Kilima-Ndjaro* (6.010 m.), à l'est, sous l'équateur.

107. Fleuves. — Les principaux sont :

Le NIL, qui se jette dans la Méditerranée;

Le *Sénégal*, le NIGER, le CONGO et l'*Orange*, qui se jettent dans l'océan Atlantique.

Le ZAMBÈZE, qui se jette dans l'océan Indien.

108. Colonies européennes. — Presque toute l'Afrique appartient aux Européens.

PLATEAUX DU TRANSVAAL.

Sur ces plateaux est établi le peuple agriculteur et pasteur des Boers, dans le sud de l'Afrique.

1° **La France** possède : l'**Algérie**, cap. *Alger*, et la **Tunisie**, cap. *Tunis*, avec le Sahara; le **Soudan français**, cap. *Saint-Louis*; le **Congo français**; Madagascar, cap. Tananarive;

2° **L'Angleterre** possède : l'**Afrique australe anglaise** (Le Cap, Orange, Transvaal), cap. *Le*

VUE DU CANAL DE SUEZ.

Ce canal, percé à travers l'isthme de Suez, fait communiquer, depuis 1869, la Méditerranée avec la mer Rouge; c'est par lui que passent presque tous les navires qui vont de l'Europe à l'Extrême-Orient.

Cap, et l'**Afrique orientale anglaise**.

3° **L'Allemagne** possède l'**Afrique orientale allemande** et le **Sud-Ouest africain allemand**.

4° **La Turquie** possède l'**Égypte**, cap. *Le Caire*, v. pr. Alexandrie; la **Tripolitaine**, cap. *Tripoli*.

5° **Le Portugal** possède l'**Angola**, sur l'Atlantique, et l'**Afrique orientale portugaise**, en face de Madagascar.

6° **La Belgique** possède le **Congo belge**, au centre.

109. États indépendants. — On peut citer : le **Maroc**, au nord-ouest, près de l'Algérie; l'**Éthiopie**, à l'est, près de la mer Rouge.

Exercices.

Questionnaire. — 104. Quelles sont les limites de l'Afrique? — 105. Quelles sont les trois mers principales qui la baignent? De quelle partie du monde la sépare la Méditerranée? Quel golfe y forme l'Atlantique? Quelles îles y baigne-t-il? Quelles mers forme l'Océan Indien? Quelle île y baigne-t-il? — Quelle mer intérieure trouve-t-on en Afrique? — 106. Quelles sont les principales montagnes de l'Afrique? — 107. Quels sont les principaux fleuves? — 108. Quels pays la France possède-t-elle en Afrique? Quels pays y possèdent l'Angleterre? l'Allemagne? la Turquie? la Belgique? — 109. Quels sont les principaux États indépendants de l'Afrique?

Exercices d'observation. — Montrez sur la carte le golfe de Guinée, l'île de Madagascar et la mer Rouge. — Montrez les monts de l'Atlas, les monts d'Abyssinie, le Kilima-Ndjaro. — Montrez le Nil, le Niger, le Congo, le Sénégal. — Dites sur quelle mer est située l'Algérie; quel fleuve arrose le Soudan français? quel fleuve arrose l'Égypte? quelle mer baigne Madagascar?

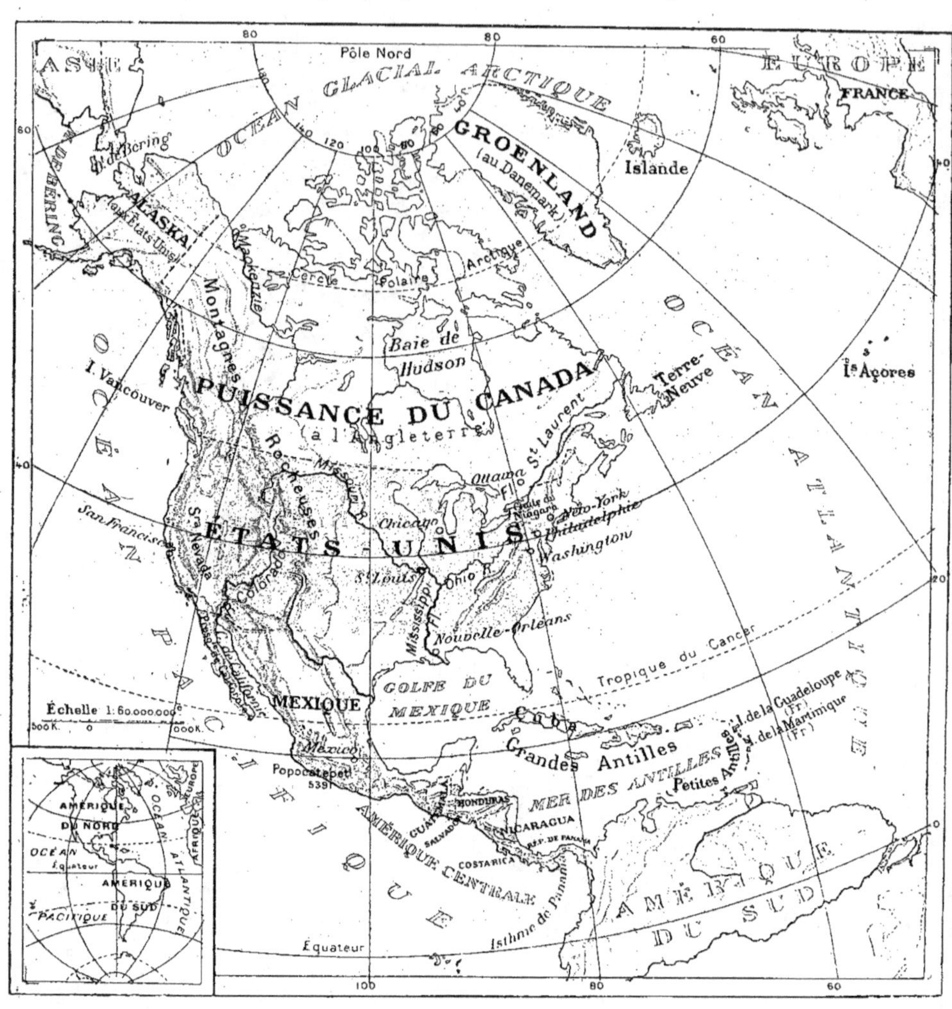

110. Limites. — L'Amérique du Nord a pour limites : à l'ouest, l'*océan Pacifique* ; au nord, l'*océan Glacial Arctique* ; à l'est, l'*océan Atlantique*.

111. Mers. — 1° L'océan Pacifique, à l'ouest, de l'isthme de Panama au détroit de Béring, baigne la *presqu'île de Californie* et l'île *Vancouver* ; il forme le *golfe de Californie* et la *mer de Béring*.

2° L'océan **Glacial Arctique**, au nord, presque toujours glacé, entoure des terres presque inhabitées, et forme la *baie de Hudson*.

3° L'océan **Atlantique**, à l'est, baigne l'île de

VUES DE L'AMÉRIQUE DU NORD.

1. La chute du Niagara, entre les États-Unis et le Canada. — 2. La ville de Chicago, seconde ville des États-Unis et de toute l'Amérique (la première étant New-York); en 1830, à la place où s'élève aujourd'hui Chicago, il n'y avait qu'un fort au milieu des prairies.

Terre-Neuve, les archipels des *Grandes Antilles* et des *Petites Antilles*; il forme le *golfe du Mexique* et la *mer des Antilles*.

112. Montagnes. — Les principales sont les **Montagnes Rocheuses** et la **Sierra Nevada**, situées à l'ouest le long de l'océan Pacifique.

Leur sommet le plus célèbre est le *Popocatepetl* (5.591 m.), au sud. Elles renferment un grand nombre de volcans encore en activité.

113. Fleuves. — L'Amérique du Nord a quatre principaux fleuves :

Le *rio Colorado*, qui se jette dans le Pacifique;

Le *Mackenzie*, dans l'océan Glacial;

Le SAINT-LAURENT, qui sort de cinq grands *Lacs*, forme la *chute du Niagara* et se jette dans l'Atlantique;

Le MISSISSIPPI, qui reçoit deux grands affluents,

le *Missouri* et l'*Ohio*, et qui se termine par un vaste delta, dans le golfe du Mexique.

114. Principaux États. — L'Amérique du Nord renferme trois grands États. Ce sont :

1° La **Puissance du Canada**, qui relève de l'Angleterre, au nord, cap. *Ottawa*;

2° Les **États-Unis**, au centre, grande république de 76 millions d'habitants, cap. *Washington*; v. pr. New-York, Philadelphie, Nouvelle-Orléans, Chicago, Saint-Louis et San-Francisco; — ces villes, pour la plupart vieilles au plus d'un siècle, égalent en richesse les principales capitales de l'Europe;

3° Le **Mexique**, au sud, ancienne colonie espagnole, cap. *Mexico*.

115. États secondaires. — On peut citer les républiques de l'Amérique centrale (*Guatemala, Salvador, Honduras, Nicaragua, Costa-Rica, Panama*), et la république de *Cuba*, dans les Antilles.

L'Angleterre, outre le Canada, possède l'île de *Terre-Neuve*; la France possède la *Guadeloupe* et la *Martinique*, dans les Antilles; les États-Unis possèdent l'*Alaska*, au nord.

Exercices

Questionnaire. — 110. Quelles sont les limites de l'Amérique du Nord, à l'ouest, au nord, à l'est? — 111. Quelles mers baignent l'Amérique du Nord? Quelles îles et presqu'îles baigne dans l'Amérique du Nord l'océan Pacifique? Quels golfes et mers y forme-t-il? Quelle baie y forme l'océan Glacial Arctique? Quelles îles y baigne l'océan Atlantique? Quels golfe et mer y forme-t-il? — 112. Quelles sont les principales montagnes de l'Amérique du Nord? — 113. Quels en sont les principaux fleuves? Quelle chute forme le Saint-Laurent? Quels sont les affluents du Mississippi? — 114. Quels sont les trois grands États de l'Amérique du Nord? — Quelles sont les capitales de la Puissance du Canada? des États-Unis? du Mexique? — 115. Citez des États secondaires? — Que possède la France dans l'archipel des Antilles?

Exercices d'observation. — Montrez sur la carte la presqu'île de Californie, la mer de Béring et la baie de Hudson, l'île de Terre-Neuve et les Antilles, le fleuve Saint-Laurent et le Mississippi. — Montrez sur la carte la capitale des États-Unis, la capitale du Mexique. — Sur quelle mer est situé New-York? — Montrez la Guadeloupe, la Martinique.

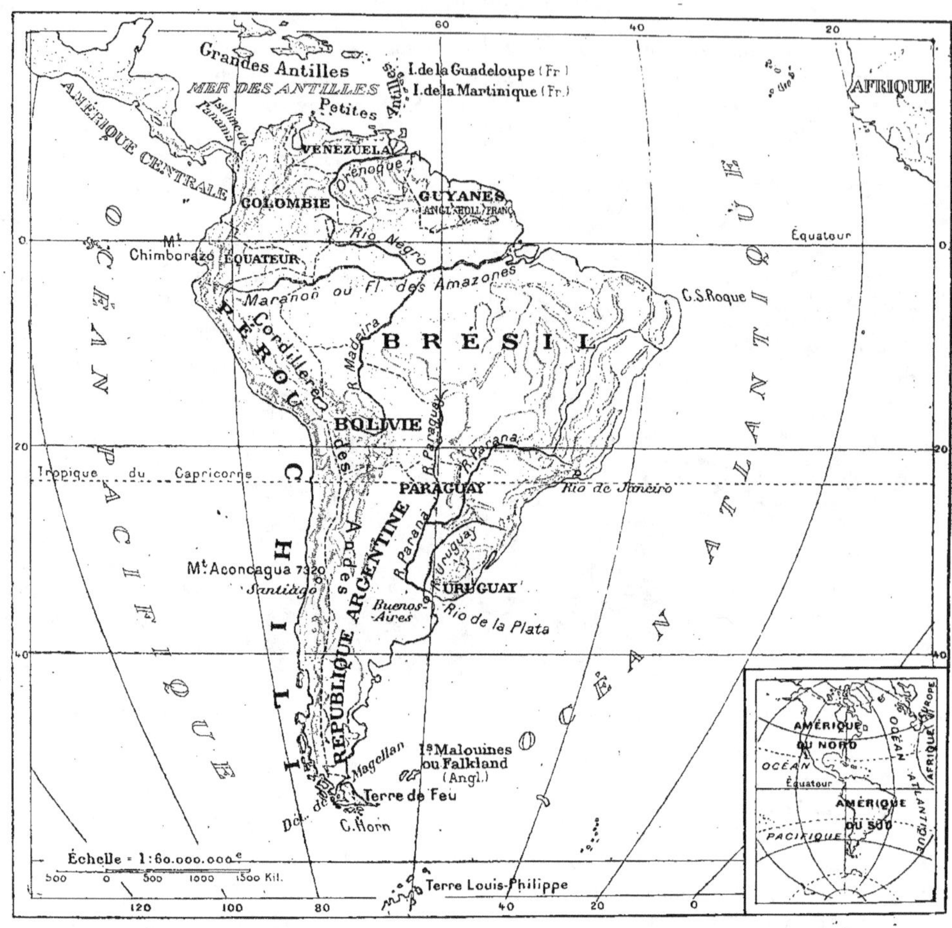

116. Limites. — L'Amérique du Sud a la forme d'un triangle comme l'Amérique du Nord. Sa pointe méridionale est le *cap Horn*, dans la Terre de Feu, au delà du détroit de Magellan.

Elle a pour limites : au nord et à l'est, la *mer des Antilles* et l'*océan Atlantique* ; à l'ouest, l'*océan Pacifique*.

117. Mers. — 1° La mer des Antilles, au nord, baigne l'archipel des *Antilles* ;

2° L'océan **Atlantique**, au nord-est et à l'est, de la mer des Antilles au cap Horn, baigne le *cap San Roque*, les îles *Malouines* ou *Falkland* ;

3° L'océan **Pacifique**, à l'ouest, baigne l'Amérique du Sud, du *cap Horn* à l'*isthme de Panama*.

118. Montagnes. — Les principales montagnes sont la **Cordillère des Andes** avec le *Chimborazo*, au nord, et l'*Aconcagua* (7.320 m.), au sud, point culminant des deux Amériques.

La plupart des montagnes des Andes sont des volcans en activité ; les tremblements de terre y sont très fréquents et très violents.

119. Fleuves. — L'Amérique du Sud a trois grands fleuves :

L'*Orénoque*, le *Marañon* ou *Fleuve des Amazones* et le *Rio de la Plata*, qui se jettent dans l'océan Atlantique.

Le Marañon ou Fleuve des Amazones est le fleuve le plus abondant de la terre entière ; il traverse les forêts vierges du Brésil, et reçoit le *Rio Negro*, à gauche, et le *Madeira*, à droite. Il se termine par un immense estuaire.

120. Principaux États. — L'Amérique du Sud renferme trois États principaux :

1° Le **Brésil**, à l'est, ancienne colonie portugaise, cap. *Rio de Janeiro ;* il occupe un peu plus de la moitié de toute l'Amérique du Sud ;

2° La **République Argentine**, au sud-est, ancienne colonie espagnole, cap. *Buenos-Aires*, sur le Rio de la Plata ;

3° Le **Chili**, au sud-ouest, ancienne colonie espagnole, cap. *Santiago ;* le Chili forme une bande de territoire très longue, mais très étroite, entre la Cordillère des Andes et l'Océan Pacifique.

121. États secondaires. — On peut citer : au nord, la *Colombie*, le *Vénézuela* et l'*Équateur ;* à l'ouest, le *Pérou* et la *Bolivie ;* au centre et à l'est, entre le Brésil et la République Argentine, le *Paraguay* et l'*Uruguay*.

Enfin, trois États européens se partagent la *Guyane*, au nord-est de l'Amérique du Sud : c'est l'Angleterre, la Hollande et la France.

VUES DE L'AMÉRIQUE DU SUD.

1. Le plateau des Andes, au pied du volcan Misti, dans le Pérou ; on trouve de nombreuses villes sur les plateaux des Andes dont le climat est plus tempéré et plus sain que celui des plaines. — 2. Les bords de l'Amazone, dans la traversée de la forêt vierge du Brésil, laquelle couvre une étendue de pays égale aux trois quarts de la superficie totale de l'Europe.

Le Rio de la Plata est un vaste estuaire formé par la réunion de trois longues rivières, *Paraguay*, *Parana* et *Uruguay*.

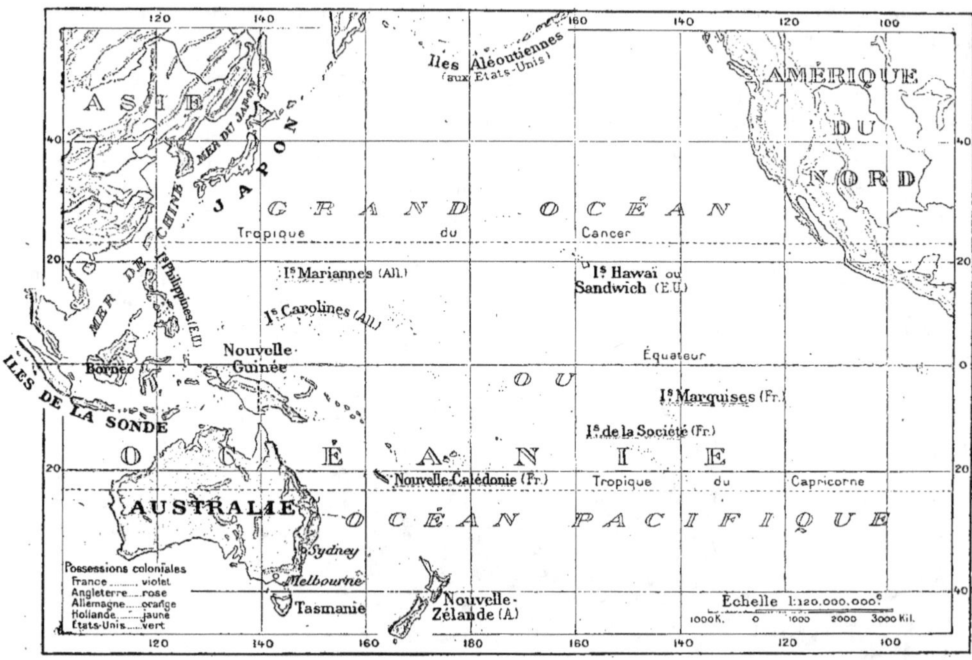

122. Étendue. L'Océanie comprend les terres que baigne le Grand Océan ou océan Pacifique.

123. Principales terres. — Les principales terres de l'Océanie sont :

Au centre, l'**Australie**, la *Tasmanie* et la *Nouvelle-Zélande;*

A l'ouest, les *îles de la Sonde* et les *Philippines;*

Au nord, la *Nouvelle-Guinée*, les *Carolines* et les *Mariannes;*

A l'est, la *Nouvelle-Calédonie*, les *îles de la Société*, les *îles Marquises* et les *îles Hawaï* ou *Sandwich :* beaucoup de ces îles sont des *atolls*, petits récifs circulaires bâtis par les coraux.

124. Partage. — Toutes les terres océa-niennes sont occupées par des peuples étrangers. Ceux qui ont le plus de colonies sont : les

ATOLL, OU RÉCIF CIRCULAIRE BÂTI PAR LES CORAUX.

Hollandais, qui possèdent les îles de la Sonde, et les *Anglais* qui possèdent l'Australie, la

Nouvelle-Zélande, et plusieurs archipels moindres.

Ensuite on peut citer : les *États-Unis*, la *France* (Nouvelle-Calédonie) et l'*Allemagne*.

125. Australie. — L'Australie est grande comme les trois quarts de l'Europe, mais elle est cent fois moins peuplée. Elle n'a que 4 millions d'habitants. On y élève le mouton mérinos.

Ses principales villes sont les deux ports de *Sydney* et de *Melbourne*, au sud-est.

Exercices.

Questionnaire. — 122. Que comprend l'Océanie? — 123. Quelles sont ses principales terres au-centre? à l'ouest? au nord? à l'est? Qu'appelle-t-on atoll? — 124. Quels sont les peuples qui possèdent le plus de terres en Océanie? Que possèdent les Hollandais? les Anglais? — 125. L'Australie est-elle aussi grande que l'Europe? Combien a-t-elle d'habitants? Quelles sont ses deux principales villes?

Exercice d'observation. — Montrez sur la carte l'Australie, les îles de la Sonde, la Nouvelle-Guinée, la Nouvelle-Calédonie.

RÉCAPITULATION DE LA DEUXIÈME PARTIE

EAUX ET TERRES

Phrases à compléter. — 1. La surface de la terre est occupée ...... par les océans, ... par les continents. — 2. Les principaux océans sont ...... — 3. Il y a ... continents qui sont ......, et ... parties du monde qui sont ......

MERS ET OCÉANS

Phrases à compléter. — 4. Il y a ... océans glacials qui sont ...... — 5. L'océan Atlantique s'étend entre ...... — 6. L'océan Indien s'étend entre ...... — 7. L'océan Pacifique s'étend entre ......

Exercices cartographiques. — 8. Dessinez l'océan Atlantique en marquant les parties du monde entre lesquelles il est situé. — 9. Dessinez de même l'océan Indien, l'océan Pacifique.

LES GRANDES RÉGIONS TERRESTRES

Phrases à compléter. — 10. La région équatoriale a un climat ......, une végétation ..., des animaux ..., des habitants ... — 11. Ce qui rend les déserts stériles c'est ...... — 12. La zone tempérée a comme cultures ......, comme animaux ...... — 13. Les régions polaires ont un climat ..., et les habitants vivent .....

HOMMES, RACES ET MŒURS

Phrases à compléter. — 14. Le globe compte ... d'habitants. — 15. Il y ... grandes races humaines qui sont ......, — 16. La race blanche comprend ...... — 17. La race jaune comprend ...... — 18. La race nègre comprend ......

CLIMATS, PLANTES, ANIMAUX

Phrases à compléter. — 19. Il y a des pays secs, comme ....., des pays humides, comme .....: il fait très chaud dans .....; plus on s'approche des pôles, plus ..... — 20. Pour vivre, les plantes ont besoin de .....; la végétation d'un pays dépend de ..... — 21. Suivant la forme de leurs mâchoires, de leurs pattes, les animaux se nourrissent d' ..... ou de .....; ils vivent sur ..... ou dans .....

DÉTAIL DES CINQ PARTIES DU MONDE

Phrases à compléter. — Europe. 22. L'Europe a pour limites ...... — 23. Les mers qui la baignent sont ...... — 24. Ses principales montagnes sont ...... — 25. Ses principaux fleuves sont ...... — 26. Ses principaux États sont ...... — 27. Ses États secondaires sont ......

Asie. 28. Quelles sont les grandes mers qui baignent l'Asie? — 29. Quelles sont les principales montagnes de l'Asie? — 30. Quels sont les principaux fleuves de l'Asie? — 31. Qu'est-ce que la France possède en Asie? — 32. Citez deux grands États indépendants en Asie.

Afrique. 33. Quelles sont les grandes mers qui baignent l'Afrique? — 34. Quels sont les principaux monts de l'Afrique? — 35. Nommez les fleuves les plus importants de l'Afrique. — 36. Que possède la France en Afrique? — 37. Quel est l'État indépendant situé à l'ouest de l'Algérie? — 38. Quel est l'État indépendant du centre de l'Afrique?

Amérique. 39. Quelles sont les grandes mers qui baignent l'Amérique du Nord? — 40. Nommez des îles sur la côte est de l'Amérique. — 41. Quelles sont les principales montagnes de l'Amérique du Nord? — 42. Nommez les fleuves principaux de l'Amérique du Nord. — 43. Quels sont les principaux États de l'Amérique du Nord? — 44. Citez cinq grandes villes de l'Amérique du Nord. — 45. Quelles sont les îles des Antilles que la France possède? — 46. Quelles sont les mers qui baignent l'Amérique du Sud? — 47. Quelle est la grande chaîne de montagnes qui traverse toute l'Amérique du Sud? — 48. Nommez les grands fleuves de l'Amérique du Sud. — 49. Quels sont les trois principaux États de l'Amérique du Sud? — 50. Citez cinq grandes villes de l'Amérique du Sud. — 51. Que possède la France dans l'Amérique du Sud?

Océanie. 52. Au sein de quel Océan est situé l'Océanie? — 53. Quelle est la terre principale de l'Océanie? — 54. Quelles îles principales possède la France en Océanie?

III. PREMIÈRES NOTIONS SUR LA FRANCE

I. GÉOGRAPHIE PHYSIQUE

I. SITUATION, LIMITES, ÉTENDUE

126. Situation. — La France est située dans l'hémisphère boréal, à peu près à égale distance de l'équateur et du pôle nord.

C'est un État de l'Europe occidentale.

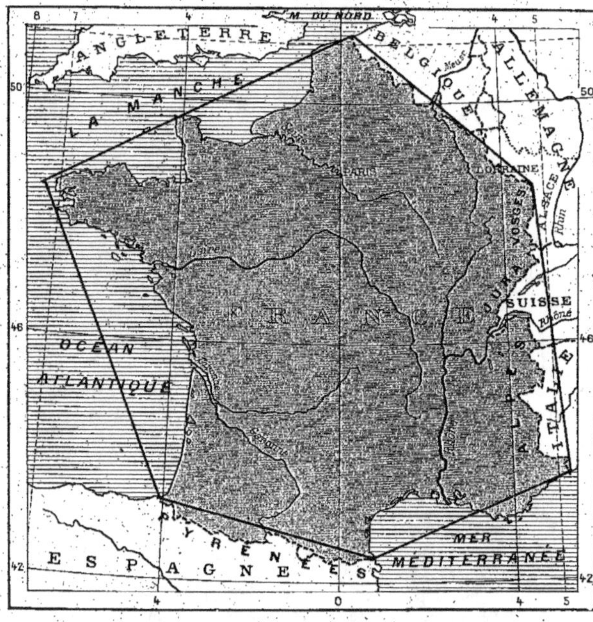

SITUATION, LIMITES ET ÉTENDUE DE LA FRANCE

127. Limites. — La France a pour limites :

Au nord, la *mer du Nord* ;
Au nord-ouest, la *Manche* ;
A l'ouest, l'*océan Atlantique* ;
Au sud-ouest, les *Pyrénées* ;
Au sud-est, la *Méditerranée* ;
A l'est, les *Alpes*, le *Jura*, les *Vosges* ;

Au nord-est, une ligne conventionnelle allant des Vosges à la mer du Nord.

Ainsi, la France touche à plusieurs pays européens, qui sont :

L'*Espagne*, du côté des Pyrénées ;
L'*Italie*, du côté des Alpes ;
La *Suisse*, du côté du Jura ;
L'*Allemagne*, du côté des Vosges ;
La *Belgique*, près de la mer du Nord.

128. Étendue. — La France a 1000 kilomètres du nord au sud, entre la mer du Nord et les Pyrénées ; elle en a 900 de l'ouest à l'est, entre l'océan Atlantique et la chaîne des Vosges.

Elle a 536.000 kilomètres carrés d'étendue, soit la dix-huitième partie de l'Europe.

129. LECTURE : **Frontières continentales et maritimes.** — La France présente la forme d'une figure régulière de six côtés. Trois de ces côtés sont baignés par des mers. Les trois autres sont bordés par des terres. Ainsi, la France possède un développement à peu près égal de frontières continentales et de frontières maritimes.

La France touche à presque tous les principaux États de l'Europe ; elle avoisine l'Angleterre dont elle n'est séparée que par la Manche et par l'étroit Pas de Calais.

Exercices

Questionnaire. — 126. Dans quel hémisphère est située la France? dans quelle partie du monde? — 127. Quelles sont les limites de la France au nord? au nord-ouest? à l'ouest? au sud-ouest? au sud-est? à l'est? au nord-est? A quels pays touche la France du côté des Pyrénées? des Alpes? du Jura? des Vosges? de la mer du Nord? — 128. Quelle est la longueur de la France du nord au sud? de l'ouest à l'est? Quelle est son étendue? — 129. Est-elle voisine de l'Angleterre? Quelle mer et quel détroit l'en séparent?

130. Mers de la France. — La France est baignée par quatre mers qui sont : la *mer du Nord*, la *Manche*, l'*océan Atlantique* et la *Méditerranée*.

131. Mer du Nord. — La mer du Nord baigne la France au nord, sur une petite longueur.

Elle communique avec la Manche, à l'ouest, par le *Pas-de-Calais*, qui sépare la France de l'Angleterre.

132. Manche. — La Manche baigne la France au nord-ouest, du Pas-de-Calais à la pointe de Saint-Mathieu, extrémité de la Bretagne.

133. Océan Atlantique. — L'océan Atlantique baigne la France à l'ouest, de la Bretagne aux Pyrénées.

Il baigne l'*île d'Ouessant*, la *presqu'île de Quiberon*, *Belle-Ile*, les îles de *Noirmoutier*, *Yeu*, *Ré* et *Oléron* ; il forme, en Bretagne, la *rade de Brest* et le *golfe du Morbihan*.

134. Méditerranée. — La Méditerranée baigne la France au sud-est, des Pyrénées aux Alpes.

Elle baigne les *îles d'Hyères* et la *grande île de Corse*, qui est couverte de montagnes ; elle forme le *golfe du Lion*, à l'ouest, et la *rade de Toulon*, à l'est.

135. LECTURE : Les côtes de France. — La France a environ 3000 kilomètres de côtes. Ces côtes sont d'aspect très différent.

Certaines côtes sont rocheuses, découpées de golfes et de baies, bordées d'îles et d'îlots ; les navires y trouvent de bons abris, mais doivent s'y garer des écueils : telles sont les côtes de Bretagne.

D'autres côtes sont rocheuses mais peu découpées : telles sont les côtes de Normandie que bordent des falaises à pic.

D'autres enfin sont plates, bordées de dunes et d'étangs ; elles sont malsaines et n'offrent pas d'abris naturels aux navires : telles sont les côtes du golfe du Lion.

LES CÔTES FRANÇAISES.

Ces deux figures représentent : 1. Une vue de la côte de Bretagne, côte rocheuse, découpée, bordée de caps, d'îles et d'écueils ; la Bretagne a beaucoup de ports dans les découpures de la côte, c'est un pays de pêcheurs et de marins ; mais les naufrages sur les écueils y sont fréquents. — 2. Une vue de la côte de Normandie, côte rocheuse, mais peu découpée, bordée de falaises à pic, au pied desquelles s'étendent de grandes plages de sables et de galets.

Elle baigne la **presqu'île du Cotantin** avec le *cap de la Hague*, les *îles Normandes*, la *presqu'île de Bretagne* ; elle forme, des deux côtés du Cotantin, la *baie de la Seine* à l'est, et le *golfe de Saint-Malo*, à l'ouest.

Exercices.

Questionnaire. — 130. Quelles sont les mers qui baignent la France ? — 131. Par quel détroit la mer du Nord communique-t-elle avec la Manche ? — 132. De quel côté la Manche baigne-t-elle la France ? Quelle presqu'île baigne-t-elle ? quelles îles ? Quels golfes ou baies forme-t-elle ? — 133. De quel côté l'Atlantique baigne-t-il la France ? Quelle presqu'île baigne-t-il ? quelles îles ? Quelle rade et quel golfe forme-t-il ? — 134. De quel côté la Méditerranée baigne-t-elle la France ? Quelles îles y baigne-t-elle ? Quel golfe forme-t-elle ? Quelle rade ?

Exercices d'observation. — Regardez les gravures de la page 45 : décrivez la côte de la fig. 1 ; comment sont les falaises de la fig. 2 ?

136. Montagnes de la France. — La France renferme cinq massifs montagneux principaux qui sont : les *Alpes*, les *Pyrénées*, le *Massif Central*, le *Jura*, les *Vosges*.

137. Alpes. — Les Alpes sont les plus hautes montagnes de la France. Elles sont couvertes de neiges et de glaciers, offrent toutefois des cols franchissables.

Le point culminant est le *mont Blanc* (4810 m.), au nord, non loin du lac de Genève ou Léman. Les deux principaux cols sont : le *col du mont Cenis* et le *col du mont Genèvre,* au centre.

138. Pyrénées. — Les Pyrénées, moins hautes que les Alpes, ont pourtant des neiges persistantes et des glaciers. On ne les franchit facilement qu'aux deux extrémités.

Point culminant, le *pic d'Aneto* (3404 m.), au centre; principaux cols, le *col de Roncevaux*, à l'ouest, et le *col de la Perche*, à l'est.

139. Massif Central, Jura, Vosges. — Le Massif Central, le Jura et les Vosges n'ont ni neiges persistantes, ni glaciers.

Leurs principaux sommets sont : dans le Massif Central, le *Puy de Sancy*, en Auvergne; dans le Jura, le *Crêt de la Neige*, près du lac Léman; dans les Vosges, le *Ballon de Guebwiller*, près de la trouée de Belfort.

140. Collines. — Outre ces montagnes, la France renferme des collines.

On peut citer : à l'est, le *Morvan*, la *Côte d'Or*, le *plateau de Langres;* à l'ouest, les *collines de Normandie* et les *monts de Bretagne*.

141. Plaines. — Les principales plaines de la France sont : la *plaine du Bassin parisien*, qui occupe la plus grande partie du nord de la France, et la *plaine de la Garonne*, au sud-ouest.

142. Lecture : Les montagnes françaises. — Les Alpes et les Pyrénées sont de grandes montagnes. Leurs sommets, déchiquetés et pointus, sont souvent inabordables ; sur leurs flancs se dressent de hautes murailles de roches, s'étendent de vastes champs de neige et de glace. (*Voir fig. p. 9.*)

Le Massif Central, le Jura et les Vosges sont couverts de neige en hiver, mais cette neige fond au printemps ou au commencement de l'été et ne forme pas de glaciers. Des forêts et des pâturages frais les couvrent.

Exercices.

Questionnaire. — 136. Quels sont les cinq grands massifs montagneux de la France ? — 137. Quel est le point culminant des Alpes? leurs cols? — 138. Quel est le point culminant des Pyrénées? leurs cols? — 139. Quels sont les points culminants du Massif Central, du Jura, des Vosges? — 140. Quelles sont les principales collines à l'est, à l'ouest? — 141. Quelles sont les principales plaines?

Exercices d'observation. — Montrez le mont Blanc, le Massif Central, le Jura, les Vosges, les Pyrénées. — Expliquez ce nom de trouée de Belfort.

MONTAGNES MOYENNES DE LA FRANCE.

Ces gravures représentent tous les massifs montagneux dépourvus de glaciers; ils sont couverts de pâturages et de forêts : 1. Le Puy de Dôme, qui a donné son nom à un département du Massif Central (*Phot. Charnaux*). — 2. Le Jura avec ses vallées creuses aux bords à pic. — 3. Les Vosges avec leurs sommets arrondis, nommés Ballons. — (Comparer avec les hautes montagnes couvertes de neiges et de glaciers, p. 9. et p. 25.)

ANGLETERRE
MER DU NORD
PAYS-BAS
ALLEMAGNE
Pas de Calais
Dunes
C. Gris-Nez
BELGIQUE
ARDENNES
Meuse
Escaut
LA MANCHE
C. de la Hague
Falaises
Moselle
I. de Guernesey
Baie de la Seine
Iles Normandes
Seine
Bassin
LORRAINE
I. de Jersey
M¹ Donon
Cotentin
Golfe de S¹ Malo
Collines de Normandie
VOSGES
ALSACE
Rochers
Parisien
Aube
Rhin
I. d'Ouessant
M¹ de S¹ Mathieu
Oise
Marne
Ballon de
Rade de Brest
M⁰ʳ de Bretagne
Guebwiller
Rochers
Trouée de Belfort
Mayenne
Sarthe
Loir
Loire
Côte d'Or - Plateau de Langres
Pr. de Quiberon
Morbihan
Vilaine
Doubs
JURA
SUISSE
Belle Ile
Loire
Cher
Morvan
Saône
I. de Noirmoutier
Indre
Lac Léman
ou de Genève
I. d'Yeu
Creuse
Crête de la Vanoise
OCÉAN
Marais Salants
Sèvre
M¹ Blanc
I. de Ré
Charente
Rhône
I. d'Oléron
M¹ du Limousin
Col du M¹ Cenis
Puy de Sancy
Gironde
MASSIF
Col du M¹ Genèvre
ATLANTIQUE
Dunes
Dordogne
CENTRAL
ITALIE
Golfe de Gascogne
Lot
M¹ Viso
Tarn
ALPES
CÉVENNES
Rhône
Garonne
Landes
Dunes
Durance
Delta du Rhône
Rochers
Lagunes
Golfe du Lion
I. d'Hyères
PYRÉNÉES
Corbières
C. Cerbère
MER
ESPAGNE
C. de Creus
Échelle de 1: 6.000.000ᵉ
0   50   100   150   200 Kil.
MÉDITERRANÉE
CORSE

143. Versants et fleuves. — La France a deux versants principaux : 1° le *versant du Nord-Ouest*, qui comprend les versants de la mer du Nord, de la Manche et de l'Atlantique; 2° le *versant du Sud-Est*, ou versant de la Méditerranée.

Elle a quatre grands fleuves.

la *Seine.* . . . . versant de la Manche.

la *Loire.* . . . .)
la *Garonne* . . .) versant de l'Atlantique.

le *Rhône* . . . . versant de la Méditerranée.

144. Seine. — La Seine sort du plateau de Langres, traverse le bassin parisien et se jette dans la Manche. Elle arrose Troyes, **Paris**, Rouen et Le Havre. C'est un fleuve lent et navigable.

LA SEINE AU CHATEAU-GAILLARD (EURE).
On remarquera le cours sinueux de la Seine, et les îles boisées qu'elle entoure

Ses principaux affluents sont :

A gauche : l'*Yonne*,   A droite : l'*Aube*,
      l'*Eure.*   la *Marne*,
                   l'*Oise.*

145. Loire. — La Loire sort des Cévennes, dans le Massif central, et se termine dans l'océan Atlantique, en Bretagne. Elle arrose Orléans, Tours, **Nantes** et Saint-Nazaire. C'est un fleuve inégal, violent et peu navigable.

Ses principaux affluents sont :

gauche: l'*Allier*,   A droite : la *Maine* formée
     le *Cher*,   du *Loir*, de la
     l'*Indre*,   Sarthe et de
     la *Vienne.*   la Mayenne.

LA LOIRE A CHAUMONT (LOIR-ET-CHER).
On remarquera les bancs de sable qui occupent une partie du lit : il est facile de comprendre que la Loire manque de profondeur et est peu navigable. Le Rhône est très profond, au contraire, et a beaucoup d'eau; mais il a un courant trop rapide.

146. Garonne. — La Garonne descend des Pyrénées, traverse la plaine du Sud-Ouest, et se termine dans l'océan Atlantique, sous le nom de *Gironde*. Elle arrose Toulouse et **Bordeaux**. C'est un fleuve inégal, comme la Loire.

Ses principaux affluents sont :

A gauche : le *Gers*.   A droite : l'*Ariège*,
                        le *Tarn*,
                        le *Lot*,
                        la *Dordogne.*

147. Rhône. — Le Rhône naît dans les Alpes, en Suisse, traverse le lac de Genève, entre en France et se jette dans la Méditerranée par un grand delta.

LE RHÔNE DANS LE JURA.
Cette gravure représente le fleuve resserré entre les rochers jusqu'à n'avoir plus que quelques mètres de large.

Il arrose **Lyon** et Avignon. C'est un fleuve très rapide.

Ses principaux affluents sont :

A gauche : l'*Isère*,	A droite : l'*Ain*,
la *Drôme*,	la *Saône*,
la *Durance*.	l'*Ardèche*.

148. Fleuves secondaires. — On peut citer parmi les fleuves secondaires :

La *Somme* qui arrose Amiens et se jette dans la Manche ;

La *Vilaine* qui arrose Rennes ; la *Charente* qui passe à Angoulême et à Rochefort ; l'*Adour* qui passe à Bayonne ; ils se jettent tous trois dans l'Atlantique ;

L'*Aude* et l'*Hérault* qui se jettent dans la Méditerranée ;

La *Moselle* qui arrose Épinal et se jette hors de France dans le Rhin ; la *Meuse* et l'*Escaut* qui se jettent hors de France, dans la mer du Nord.

149. Lecture : Les fleuves de France. — Les fleuves de France, même les plus longs, sont petits, comparés aux principaux fleuves du monde. La Loire a seulement 1000 kilomètres de long, tandis que le Nil en a 6500.

Mais l'importance d'un fleuve ne se mesure pas à sa longueur : elle dépend, surtout, des facilités qu'il offre à la navigation. Ainsi, les fortes crues qui augmentent la rapidité du courant causent les inondations ; les basses eaux qui diminuent la profondeur du lit arrêtent, pendant un temps plus ou moins long, la circulation des bateaux chargés de marchandises.

Le plus navigable est la *Seine*, sur laquelle circulent chaque jour de nombreux trains de bateaux. Le *Rhône* en a quelques-uns, bien que son courant soit très rapide. La *Loire* et la *Garonne* sont à peu près délaissées par la navigation ; la Garonne et la Loire supérieure sont doublées d'un canal latéral.

Outre les services qu'ils rendent au commerce, nos fleuves servent à l'arrosage des terres : ils font mouvoir, en beaucoup d'endroits, des moulins et des usines ; par la pêche, ils contribuent à notre alimentation.

On remarquera que, par certaines parties de leur cours, la Seine, la Loire, la Garonne, le Rhône et la Saône, dessinent comme une sorte de boucle tout autour du Massif central.

Exercices.

Questionnaire. — 143. Combien la France a-t-elle de versants principaux ? Quels versants comprend le versant du nord-ouest ? Quels sont les quatre grands fleuves français ? — 144. D'où sort la Seine ? Quel pays traverse-t-elle ? Quelles villes arrose-t-elle ? Où se jette-t-elle ? Quels sont ses affluents de droite ? de gauche ? — 145. D'où sort la

FLEUVES ET RIVIÈRES DE FRANCE

Loire ? Où se termine-t-elle ? Où passe-t-elle ? Quels sont ses affluents de droite ? de gauche ? — 146. D'où descend la Garonne ? Où se termine-t-elle ? Quelles villes arrose-t-elle ? Quels sont ses affluents de droite ? de gauche ? — 147. Où naît le Rhône ? Quel lac traverse-t-il ? Où se jette-t-il ? Où passe-t-il ? Quels sont ses affluents de droite ? de gauche ? — 148. Quels sont les principaux fleuves secondaires de France ? — Nommez des villes qu'ils arrosent ? — 149. Quel est le plus navigable des fleuves français ?

Phrases à compléter. — La Seine sort......, traverse......, arrose..., se jette dans... ; elle reçoit à droite,......; à gauche,.... — La Loire sort......, elle passe......, et se jette dans......; elle reçoit à droite,......; à gauche...... — La Garonne descend......; traverse......, arrose..., se jette dans... ; son cours inférieur s'appelle... ; elle reçoit à droite. ...; à gauche...... — Le Rhône arrose... et se jette dans... ; il reçoit à droite...., à gauche....

Cartographie. — Dessinez le Rhône et ses affluents.

II. GÉOGRAPHIE POLITIQUE

ORGANISATION POLITIQUE

150. Population. — La France renferme 39.031.000 habitants. En général, les régions de montagnes ont assez peu d'habitants, tandis que les plaines en ont beaucoup.

151. Gouvernement. — La France forme une république. Le chef de l'État est le *Président*, qui gouverne assisté des ministres. Les lois sont faites par le *Sénat* et par la *Chambre des députés*.

152. Divisions administratives. — Depuis la Révolution, la France est divisée en *départements*. Il y a aujourd'hui 86 départements (sans compter le territoire de Belfort), subdivisés eux-mêmes en *arrondissements*, puis en *cantons*, puis en *communes*.

1° Une **commune** est la ville ou le village que nous habitons.

2° Un **canton** comprend généralement un groupe de communes voisines.

3° Un **arrondissement** comprend un groupe de plusieurs cantons.

4° Un **département** comprend un groupe de plusieurs arrondissements.

A la tête du département est un *préfet*, assisté d'un *conseil général*; à la tête de l'arrondissement est un *sous-préfet*, assisté d'un *conseil d'arrondissement*; à la tête de la commune est un *maire*, assisté d'un *conseil municipal*.

Exercices.

Questionnaire. — 150. Combien la France renferme-t-elle d'habitants? Quelles sont les régions qui en ont le moins? celles qui en ont le plus? — 151. Quel est le gouvernement de la France? Quel est le chef du gouvernement? Par qui est-il assisté? Qui est-ce qui fait les lois? — 152. Comment la France est-elle divisée aujourd'hui? Combien a-t-elle de départements? Qui est à la tête du département? de l'arrondissement? de la commune?

TABLEAU DES DÉPARTEMENTS DE LA FRANCE

DÉPARTEMENTS ET PRÉFECTURES		DÉPARTEMENTS ET PRÉFECTURES		DÉPARTEMENTS ET PRÉFECTURES		DÉPARTEMENTS ET PRÉFECTURES	
NORD		Haute-Saône.	Ch.-l. *Vesoul.*	Ardèche.	Chef-lieu *Privas.*	Deux-Sèvres.	Ch.-l. *Niort.*
Nord.	Chef-lieu *Lille.*	Doubs.	*Besançon.*	Tarn.	*Albi.*	Vendée.	*La Roche-sur-Yon.*
Pas-de-Calais.	*Arras.*	Jura.	*Lons-le-Saunier.*	Gard.	*Nîmes.*	Maine-et-Loire.	*Angers.*
Somme.	*Amiens.*	Côte-d'Or.	*Dijon.*	Hérault.	*Montpellier.*	Loire-Inférieure.	*Nantes.*
Seine-Inférieure.	*Rouen.*	Yonne.	*Auxerre.*	Aude.	*Carcassonne.*	Morbihan.	*Vannes.*
Calvados.	*Caen.*	Saône-et-Loire.	*Mâcon.*	Haute-Garonne.	*Toulouse.*	Finistère.	*Quimper.*
Manche.	*Saint-Lô.*	Ain.	*Bourg.*	Pyrénées-Orientales.	*Perpignan.*	Côtes-du-Nord.	*Saint-Brieuc.*
Orne.	*Alençon.*					Ille-et-Vilaine.	*Rennes.*
Eure.	*Evreux.*	**SUD-EST**		**SUD-OUEST**		Mayenne.	*Laval.*
Seine-et-Oise.	*Versailles.*	Loire.	Chef-lieu *Saint-Etienne.*	Ariège.	Chef-lieu *Foix.*	Sarthe.	*Le Mans.*
Seine.	*Paris.*	Rhône.	*Lyon.*	Basses-Pyrénées.	*Pau.*	Indre-et-Loire.	*Tours.*
Seine-et-Marne.	*Melun.*	Haute-Savoie.	*Annecy.*	Hautes-Pyrénées.	*Tarbes.*	**CENTRE**	
Oise.	*Beauvais.*	Savoie.	*Chambéry.*	Gers.	*Auch.*	Creuse.	Chef-lieu *Guéret.*
Aisne.	*Laon.*	Isère.	*Grenoble.*	Landes.	*Mont-de-Marsan.*	Haute-Vienne.	*Limoges.*
EST		Drôme.	*Valence.*	Lot-et-Garonne.	*Agen.*	Corrèze.	*Tulle.*
Ardennes.	Chef-lieu *Mézières.*	Hautes-Alpes.	*Gap.*	Tarn-et-Garonne.	*Montauban.*	Cantal.	*Aurillac.*
Marne.	*Châlons-sur-Marne.*	Vaucluse.	*Avignon.*	Aveyron.	*Rodez.*	Puy-de-Dôme.	*Clermont-Ferrand.*
Aube.	*Troyes.*	Alpes-Maritimes.	*Nice.*	Lot.	*Cahors.*	Allier.	*Moulins.*
Haute-Marne.	*Chaumont.*	Corse.	*Ajaccio.*	Dordogne.	*Périgueux.*	Nièvre.	*Nevers.*
Meuse.	*Bar-le-Duc.*	Basses-Alpes.	*Digne.*	Gironde.	*Bordeaux.*	Indre.	*Châteauroux.*
Meurthe-et-Moselle.	*Nancy.*	Var.	*Draguignan.*	**OUEST**		Cher.	*Bourges.*
Vosges.	*Epinal.*	Bouches-du-Rhône.	*Marseille.*	Charente-Inférieure.	*La Rochelle.*	Loiret.	*Orléans.*
Belfort (Territoire).	*Belfort.*	Haute-Loire.	*Le Puy.*	Charente.	*Angoulême.*	Loir-et-Cher.	*Blois.*
		Lozère.	*Mende.*	Vienne.	*Poitiers.*	Eure-et-Loir.	*Chartres.*

CARTE D'ÉTUDE QUADRILLÉE

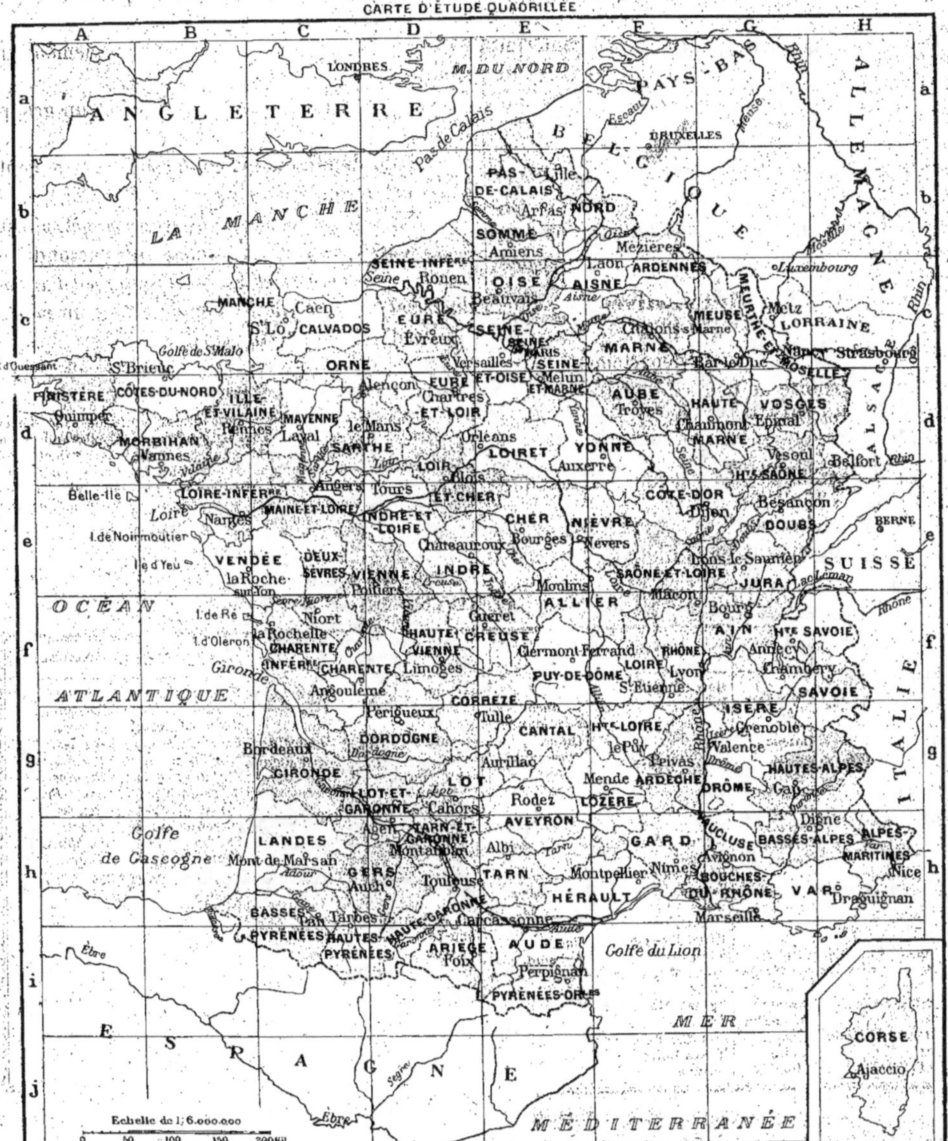

I. AGRICULTURE

153. Cultures principales. — La France est un grand pays agricole. Ses principales ressources sont : le blé, la vigne et l'élevage.

154. Le blé est cultivé surtout dans la plaine de Flandre, au nord ; dans la Beauce et la Brie, autour de Paris ; et dans la plaine de la Garonne.

La France produit à peu près autant de blé que ses habitants en consomment.

155. La **vigne** prospère en beaucoup de régions et notre pays est au premier rang dans le monde pour la production du vin. On distingue les vins de Bordeaux, de Bourgogne, de Champagne, de Touraine (Saumur) et du Midi (Narbonne).

156. L'**élevage** se pratique dans les pays de montagnes qui se couvrent de pâturages en été et dans les pays humides voisins de la mer.

On élève des *chevaux* dans le Boulonnais (près Boulogne-sur-Mer), dans le Perche (en Normandie), en Bretagne et à Tarbes.

On élève des *bœufs* et des *vaches* en Flandre, en Normandie, en Bretagne, dans le Morvan, en Auvergne et dans les Alpes.

On élève des *moutons* dans le Berri et la Champagne surtout.

157. Les produits dérivés de l'élevage font l'objet d'un grand commerce : *fromages* de Brie, de Normandie (Camembert, Pont-l'Évêque) et de Roquefort ; *beurres* de Normandie (Isigny) et de Bretagne.

158. Cultures secondaires. Forêts. — Divers produits d'importance moindre s'ajoutent aux ressources essentielles.

Il faut retenir, comme plantes alimentaires : la pomme de terre, le maïs, l'avoine, l'orge et le seigle.

La betterave, le houblon, le colza, le lin, le chanvre, le tabac sont utilisés dans l'industrie.

On peut citer encore les arbres fruitiers, les légumes, les fleurs, l'élevage des volailles et des vers à soie.

Aux forêts qui couvrent nos montagnes, il faut ajouter celles de Compiègne, de Fontainebleau et des Landes.

159. 1re LECTURE : **Utilité de l'agriculture.** — On connaît le mot de Sully, ministre du roi de France Henri IV : « Pâturage et labourage sont les deux mamelles de la France ».

En effet, le pâturage fournit à l'homme des aliments nombreux, animaux, viande, lait, beurre, fromage.

D'autre part, le labourage lui donne le blé dont il fait le pain ; les pommes de terre et les légumes ; l'avoine qui sert à nourrir les animaux, le chanvre et le lin qui servent à faire des toiles. etc. Le vin, le cidre, la bière sont aussi des produits agricoles. La France trouve, dans les produits de son sol, de quoi se suffire à elle-même.

160. 2e LECTURE : **L'agriculture française.** — Les terres fertiles sont mises en pleine valeur ; les terrains pauvres sont rendus productifs par de bons engrais. Les récoltes sont meilleures : un hectare de terre qui donnait 8 ou 9 hectolitres de blé produit maintenant 14 ou 15 hectolitres. Notre production annuelle, qui était de 40 millions d'hectolitres de blé en 1815, atteint de nos jours 100 millions d'hectolitres.

LA MOISSON

Les progrès de l'agriculture depuis un siècle sont dus en grande partie au perfectionnement de l'outillage agricole.

Il a fallu lutter, en ce qui concerne la culture de la vigne, contre un terrible ennemi. En 1880, le phylloxera détruisit une partie des vignes françaises : la production du vin baissa de 60 millions d'hectolitres. Grâce à un labeur soutenu, on put réparer le désastre.

La culture des plantes industrielles et l'élevage des bestiaux se sont largement développés.

On estime à 14 milliards de francs, par an, la production agricole de notre pays.

Questionnaire. — 153. Quelles sont les principales ressources agricoles de la France? — 154. Dans quelles régions cultive-t-on le blé? La France produit-elle assez de blé pour sa consommation? — 155. Dans quelles régions est cultivée la vigne? Nommez les vins les plus connus. — 156. Dans quelles régions se trouvent les pâturages? Où élève-t-on surtout le cheval? les bœufs et les vaches? les moutons? Montrez ces régions sur la carte. — 157. Quels sont les produits dérivés de l'élevage? Nommez les fromages et les beurres les plus réputés.

158. Quelles sont les principales cultures secondaires? Pourquoi cultive-t-on la betterave? le houblon? le colza? le lin et le chanvre? Pourquoi élève-t-on les vers à soie? Nommez quelques arbres fruitiers essentiels cultivés en France. Où se trouvent généralement les forêts? Nommez les principales.

159. Énumérez les ressources diverses que l'homme doit à l'agriculture.

160. Quel est actuellement le rendement moyen d'un hectare de blé? A combien d'hectolitres de blé se monte la production annuelle de la France? Quelle est la valeur totale par an de la production agricole de la France?

161. Par quel moyen a-t-on réussi à mettre en valeur les Landes? Quels produits retire-t-on des forêts de sapins des Landes?

Cartographie. — Dessinez la carte de France en indiquant les pays producteurs de blé, de vignes et les régions d'élevage.

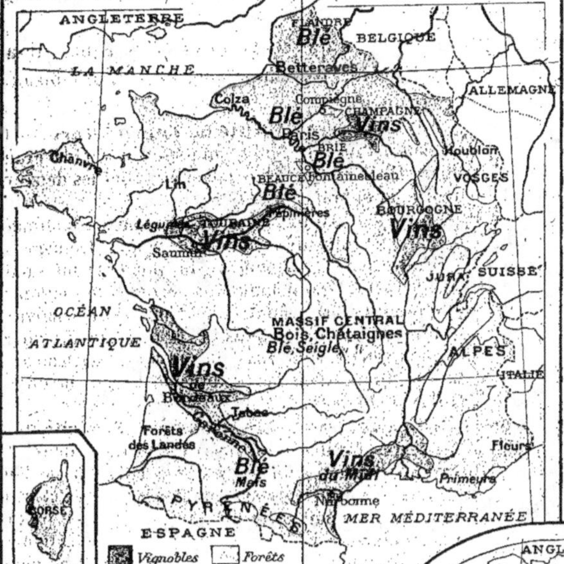

FRANCE AGRICOLE : CULTURES

161. 5ᵉ LECTURE : **L'effort humain. Les Landes.** — L'agriculteur français, par sa ténacité, a su mettre en valeur de vastes régions longtemps déshéritées : Landes, Dombes, Sologne, Camargue.

Autrefois, dans les *Landes*, des collines mouvantes de sable — les dunes — se déplaçaient sous la poussée du vent, recouvrant champs et récoltes, engloutissant maisons et jardins.

On planta des pins maritimes dont les racines fixèrent le sol mouvant : la forêt des pins arrêta l'invasion des sables. Le cultivateur put cultiver son champ avec sécurité. Et la forêt ainsi créée devint une source de richesses : bois à brûler, planches, poteaux télégraphiques, pieux, mâts de navires, allume-feu, échalas, traverses de chemins de fer, pavés pour les villes; il faut y ajouter le goudron, la résine dont on tire la colophane, la térébenthine, des huiles et des graisses pour les voitures, enfin la pâte de bois dont on fait du papier.

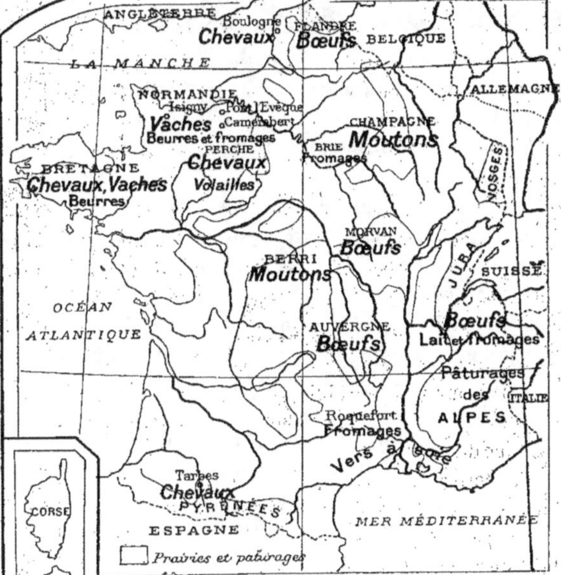

FRANCE AGRICOLE : ÉLEVAGE

162. La France industrielle. — La France est aussi un pays industriel. Mais, moins riche en houille et en métaux que l'Angleterre, l'Allemagne et les États-Unis d'Amérique, elle se place après ces trois pays au point de vue industriel.

163. Mines et carrières. — La *houille* se trouve surtout dans le Nord et le Pas-de-Calais (Anzin, Lens); dans la région du Massif central

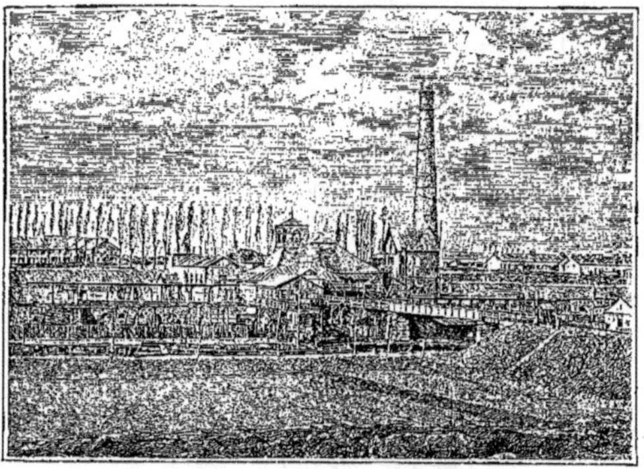

Centre d'extraction de la houille dans le bassin du Nord.

(Saint-Étienne, Le Creusot, Carmaux) et dans le Gard (Alais).

164. Le *fer* est abondant dans l'est de la France (Lorraine).

165. On extrait également de notre sol des *matériaux de construction* : carrières de *granits* (Bretagne); d'*ardoises* (Angers), de *marbres* (Pyrénées), de *pierres à bâtir* (près Paris).

166. Industrie et régions industrielles. — L'industrie comprend la fabrication des produits alimentaires, des étoffes, des machines et outils nécessaires à l'homme.

167. Les produits alimentaires dépendent des ressources agricoles : en France, on peut citer : la *meunerie*, qui transforme le blé en farine; — les *sucreries* et *raffineries*, qui transforment la betterave en sucre; l'*industrie des conserves*, pour les légumes et fruits : — la *distillerie*, ou fabrication

des eaux-de-vie; — la *brasserie*, ou fabrication de la bière.

168. Les étoffes sont en laine (lainages); en coton (cotonnades); en soie (soieries); en lin ou en chanvre (toiles et dentelles). Ces matières premières sont filées et tissées dans des fabriques qui occupent des milliers d'ouvriers.

169. Les machines des chemins de fer, des bateaux et des ateliers divers, les outils, les rails, sortent des usines, qui utilisent ainsi les métaux extraits du sol et des mines. Cette industrie s'appelle la *métallurgie*.

170. Les fabriques et les usines s'établissent de préférence près des mines de houille et de minerais pour éviter les frais de transports. De là, la formation de trois grandes régions industrielles :

Région du Nord. — Métallurgie (départements du Nord et du Pas-de-Calais); toiles et dentelles (Valenciennes); lainages (Roubaix); cotonnades (Lille); tapis (Beauvais); velours (Amiens); glaces (Saint-Gobain). Il faut ajouter la région industrielle parisienne.

Région du Centre. — Métallurgie (Le Creusot); armes (Saint-Étienne); canons (Bourges); porcelaines (Limoges); soieries (Lyon); tapis (Aubusson).

Région de l'Est. — Métallurgie (Lorraine, Nancy); lainages (Reims); cotonnades et dentelles (Vosges); cristaux (Baccarat); horlogerie (Besançon).

171. En outre, il faut citer : les cotonnades de Normandie, les toiles de Bretagne, les salines du Jura, les sources d'eaux minérales du Massif central (Vichy, Saint-Galmier), des Pyrénées, des Alpes et des Vosges; enfin, la construction des navires dans nos ports militaires.

172. 1re Lecture : **Utilité de l'industrie.** — La nature produit le blé, c'est l'industrie qui transforme le blé en farine et en pain. La nature donne les fibres.

La France manque aussi de matières premières. Le *fer* seul y abonde. Elle doit demander à l'étranger son *cuivre* (États-Unis, Espagne, Chili), son *plomb* (Espagne, Angleterre), ses *cotons* (États-Unis) et ses *laines* (Australie).

Exercices

Questionnaire. — 162. Pourquoi la France n'est-elle pas un très grand pays industriel? Nommez les pays qui la devancent. — 163. Où trouve-t-on la houille? A quoi sert-elle? — 164. Quel minerai possède la France? Où le trouve-t-on? — 165. Où trouve-t-on le granit? l'ardoise? le marbre? la pierre à bâtir? — 166. Nommez nos industries alimentaires. — 167. Montrez qu'elles se rapprochent de nos produits agricoles. — 168. Où travaille-t-on la laine? le coton? la soie? le chanvre et le lin? — 169. Qu'appelle-t-on industrie métallurgique? — 170. Nommez, et montrez sur la carte, les principales régions métallurgiques. Où fabrique-t-on des armes? des canons? Où fabrique-t-on des tapis? des velours? des cristaux? de l'horlogerie? — 171. Où trouve-t-on du sel gemme? Indiquez la situation des sources minérales. Où fabrique-t-on les navires? Pourquoi les fabriques s'installent-elles de préférence près des mines de houille?

Cartographie. — Tracez la carte de la France en indiquant les produits des mines.

Tracez la carte de la France en indiquant 10 villes industrielles avec leur genre d'industrie.

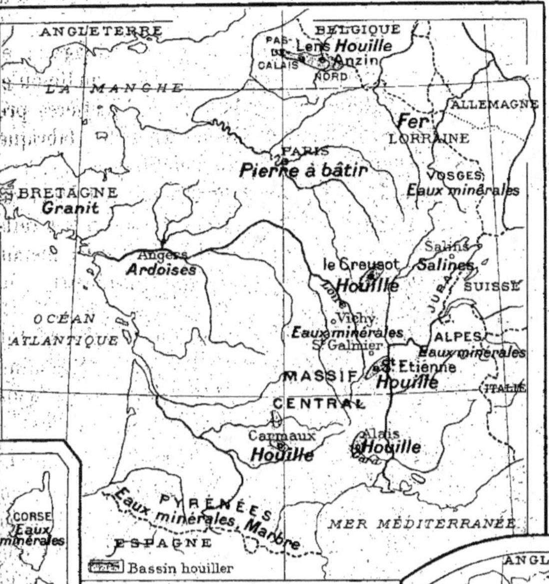

FRANCE INDUSTRIELLE : INDUSTRIES EXTRACTIVES

le chanvre, et c'est l'homme qui, par son industrie, travaille ces fibres, les nettoie, les transforme en fils de chanvre, puis tisse ces fils pour en faire des vêtements. La nature fournit des minerais de fer, de plomb, de cuivre : c'est l'homme qui, par son industrie, extrait le métal des pierres ou terres auxquelles il est mêlé, le fond, le mélange avec d'autres métaux qui lui donnent plus de souplesse, plus de solidité, etc., en fait des outils et des machines propres aux divers usages.

173. 2e LECTURE : **Prospérité industrielle.** — C'est la vapeur qui actionne les machines. Elle est produite par la houille. Partout, les usines se pressent autour des mines. Aussi, les peuples qui ont le plus de houille ont-ils l'industrie la plus florissante. La France, insuffisamment pourvue à cet égard, ne peut lutter contre l'Angleterre et l'Allemagne.

FRANCE INDUSTRIELLE : INDUSTRIES MANUFACTURIÈRES

174. Le commerce. — Le commerce est l'action d'acheter et de vendre. Ainsi, les Français du Nord achètent des vins à ceux du Midi; les Normands et les Bretons vendent leurs bestiaux aux Parisiens.

175. A l'étranger, la France achète du coton, des laines, du pétrole et du café; par contre, elle y envoie des vins et des tissus.

Pour transporter tous ces articles d'un pays à l'autre on utilise les voies de communication.

176. Voies de communication. Routes. — Les voies de communication sont les routes, les chemins de fer, les cours d'eau naturels (fleuves, rivières) ou creusés par l'homme (canaux).

177. Les routes se divisent en *routes nationales* (construites et entretenues par l'Etat), en *routes départementales* (construites et entretenues par chaque département) et en *chemins vicinaux* (construits et entretenus aux frais des communes).

Les routes servent à transporter les marchandises ou les personnes entre deux pays voisins.

178. Chemins de fer. — Nos voies ferrées, commencées vers 1830, forment sept réseaux, dont un seul appartient à l'Etat; les autres sont exploités par des compagnies.

Ces réseaux, avec leurs lignes principales, sont :

1° **Réseau du Nord.** — *Paris à Boulogne* et *Calais* (vers l'Angleterre); — *Paris à Lille*; — *Paris à Maubeuge* (vers Berlin et Saint-Pétersbourg).

2° **Réseau de l'Est.** — *Paris à Avricourt* (vers l'Allemagne, Vienne et Constantinople); — *Paris à Belfort* (vers l'Allemagne, la Suisse et l'Italie).

3° **Réseau de l'Ouest.** — *Paris au Havre* (vers l'Amérique du Nord); — *Paris à Cherbourg*; — *Paris à Brest.*

4° **Réseau de Paris-Lyon-Méditerranée.** — *Paris à Lyon* et *Marseille* (vers la Suisse, l'Italie et l'Extrême-Orient); — *Paris à Nîmes* et *Cette* (vers l'Espagne).

5° **Réseau d'Orléans.** — *Paris à Nantes* et *Saint-Nazaire* (vers les Antilles); — *Paris à Bordeaux* (vers l'Espagne et l'Amérique du Sud); — *Paris à Toulouse.*

6° **Réseau de l'État.** — *Paris à Bordeaux* (par Saumur); — *Nantes à Bordeaux.*

7° **Réseau du Midi.** — *Bordeaux à Bayonne* (et l'Espagne); — *Bordeaux à Cette.*

179. Rivières et Canaux. — Les grands cours d'eau de France (la Seine et ses affluents, la Saône, etc.) sont généralement navigables. Les moins propres à la navigation ont été corrigés : on les a approfondis par des dragages pour éviter aux bateaux les passages difficiles; on a creusé, à côté du lit de certains cours d'eau, des canaux appelés *canaux latéraux.* Il y a ainsi des canaux latéraux à la Garonne, à la Loire.

180. Pour permettre aux bateaux de passer d'un cours d'eau à un autre, on a creusé les *canaux de jonction.* Les principaux sont : les canaux du **Nord** entre la Seine et l'Escaut; — le canal de la **Marne au Rhin**; — le canal de **Bourgogne**, entre la Seine et la Saône; — le canal du **Centre**, entre la Loire et la Saône; et le canal du **Midi**, entre la Garonne et la Méditerranée.

181. Les transports par chemins de fer sont rapides, mais ils coûtent cher. Les transports par eau sont plus lents, mais peu coûteux : on les emploie pour les marchandises lourdes et encombrantes (charbons, bois, pierres à bâtir).

182. Les Ports de commerce. — C'est là que se réunissent les gros navires qui transportent les voyageurs et les marchandises entre la France et des pays étrangers. Ces principaux ports sont : Marseille, Le Havre, Dunkerque, Bordeaux.

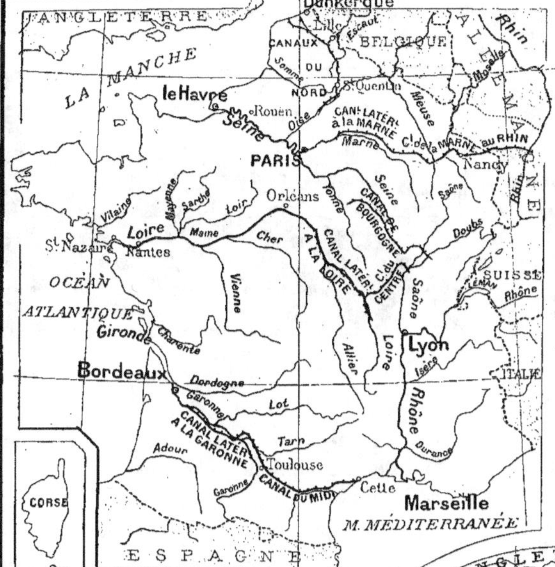

CANAUX DE LA FRANCE

183. Lecture : Utilité des voies de communication. — Les voies de communication sont indispensables au commerce. On entend par commerce l'échange des produits agricoles et industriels.

Elles permettent à un pays d'écouler les marchandises, blé, minerais, objets fabriqués, qu'il produit en trop; elles lui permettent en même temps de faire venir des pays voisins les objets qu'il ne produit pas et dont il a besoin. Sans les routes, les cours d'eau et les chemins de fer, tous les pays seraient réduits à ne consommer que ce qu'ils produisent.

Exercices

Questionnaire. — 174-175. Qu'appelle-t-on commerce? Donnez quelques exemples. Pourquoi les voies de communication sont-elles utiles au commerce? — 176. Indiquez les principales voies de communication. — 177. Comment classe-t-on les routes? Quelle est leur utilité?

Donnez des exemples. Pourquoi les routes sont-elles moins employées, pour les transports, que les chemins de fer? — 178. Indiquez la date de la construction des premières voies ferrées. Énumerez les réseaux avec leurs principales lignes. — Quelle ligne prend-on pour aller à Londres? à Berlin? à Saint-Pétersbourg? à Vienne et à Constantinople? en Italie? à Madrid? — Comment iriez-vous en chemin de fer de chez vous à Paris, Lyon, Marseille, Bordeaux, Saint-Nazaire, le Havre, Lille? A quel réseau appartient la ligne qui passe chez vous? — 179. Citez les principales rivières navigables. Qu'a-t-on fait pour rendre navigables celles qui l'étaient peu? Qu'appelle-t-on canal latéral? — 180. Nommez et montrez les principaux canaux de jonction. — 181. Pourquoi transporte-t-on les matières lourdes par bateau plutôt que par chemin de fer? Faites voyager par eau une marchandise de Dunkerque à Paris; du Havre à Marseille; de Bordeaux à Cette. — 182. Qu'est-ce qu'un port de commerce? Nommez et montrez nos plus grands ports de commerce. Avec quels pays nous mettent-ils en relation?

Cartographie. — Tracez la carte de la France avec les ports de commerce; indiquez les pays avec lesquels ils correspondent.

Tracez la carte de la France avec ses principaux canaux.
Dessinez le réseau du Nord et ses lignes principales.
Dessinez le réseau de l'Est et ses lignes principales.
Dessinez le réseau de Paris-Lyon-Méditerranée.
Dessinez le réseau de l'Ouest.

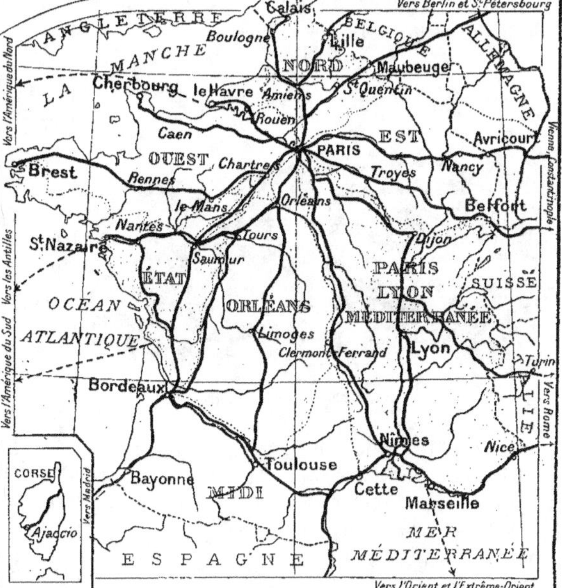

CHEMINS DE FER FRANÇAIS .

184. Région du Nord. — La région du Nord est la plus industrielle et la plus peuplée. On y trouve beaucoup de grandes villes.

Les principales villes sont : **Lille et Roubaix,** villes industrielles près de la frontière de Belgique ; *Amiens,* sur la Somme ; **Le Havre,** grand port sur la Manche à l'embouchure de la Seine ; et **Rouen,** sur la Seine, ville industrielle, capitale de la Normandie ; Paris, sur la Seine, capitale de la France.

185. Région de l'Est. — La région de l'Est comprend les pays de la Meuse, les Vosges, le Jura et la plaine de la Saône.

Les principales villes sont : **Reims,** ville industrielle ; **Nancy,** capitale de la Lorraine ; *Besançon ; Dijon,* capitale de la Bourgogne.

186. Région du Sud-Est. — La région du Sud-Est comprend les Alpes, les pays du Rhône et de la Méditerranée, l'île de la Corse.

LYON
Vue de la ville, du Rhône et du pont Morand.

Les principales villes sont : **Lyon,** au confluent du Rhône et de la Saône, première ville du monde pour les soieries ; **Saint-Étienne,** ville industrielle ; *Grenoble,* capitale du Dauphiné ; **Marseille,** premier port de commerce de la France, sur la Méditerranée ; **Toulon,** port militaire ; **Nice,** ville

d'hiver ; *Nîmes* et *Montpellier,* dans la plaine à l'ouest du Rhône.

MARSEILLE
Le bassin de la Joliette avec tous les bateaux qui font le commerce avec l'Orient.

187. Région du Sud-Ouest. — La région du Sud-Ouest comprend les Pyrénées et le bassin de la Garonne.

Les principales villes sont **Toulouse,** sur la Garonne, et **Bordeaux,** sur la Garonne, port au centre de la région des vignes du Bordelais.

188. Région de l'Ouest. — La région de l'Ouest comprend le bassin de la Charente, la Basse-Loire, et la presqu'île de Bretagne.

Les principales villes sont : *Brest,* port militaire, sur l'Océan ; *Rennes,* capitale de la Bretagne ; **Nantes,** port sur la Loire ; *Angers,* capitale de l'Anjou ; *Tours,* capitale de la Touraine, et *Le Mans.*

189. Région du Centre. — La région du Centre comprend le Massif central et le bassin moyen de la Loire.

Les principales villes sont : *Limoges,* capitale du Limousin ; *Clermont-Ferrand,* capitale de l'Auvergne ; *Bourges,* capitale du Berri ; *Orléans,* sur la Loire, capitale de l'Orléanais.

LECTURE. — **Les grandes villes de la France.** — Les grandes villes, dans tous les pays, sont établies au

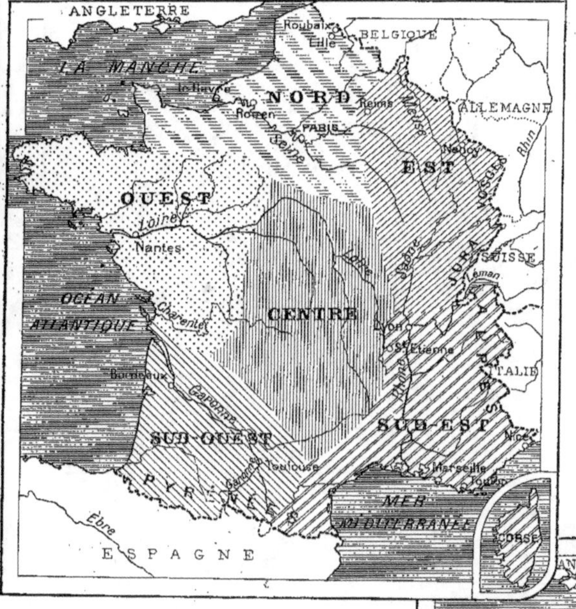

RÉGIONS NATURELLES

La France renferme quinze villes de plus de cent mille habitants : Paris, Marseille, Lyon, Bordeaux, Lille, Toulouse, Saint-Étienne, Nantes, Le Havre, Roubaix, Rouen, Reims, Nice, Nancy, Toulon.

Exercices.

Questionnaire. — 184. Quelle est la région française la plus industrielle? la plus peuplée? Y trouve-t-on beaucoup de grandes villes? Quelles sont les deux grandes villes voisines de la Belgique? Quelle est la principale ville sur la Somme? Quel est le grand port situé à l'embouchure de la Seine? Quelle est la capitale de la France? — 185. Que comprend la région de l'Est? Qu'est-ce que Reims? — 186. Quelle est la grande ville située au confluent de la Saône et du Rhône? Connaissez-vous une grande ville industrielle près de Lyon? Quel est le premier port de commerce de la France? le principal port militaire sur la Méditerranée? — 187. Quelles sont les deux grandes villes de la plaine du sud-ouest? — 188. Quel est le principal port militaire sur l'Océan? Connaissez-vous un port sur la Loire? — 189. Quelle était la capitale de l'Anjou? de la Touraine? du Limousin? de l'Auvergne? du Berri? de l'Orléanais?

Exercices d'observation. — Cherchez sur la carte Paris : quel fleuve l'arrose? — Marseille : Sur quelle mer? — Lyon : Sur quel fleuve? Au confluent de quelle rivière? — Bordeaux : Sur quel fleuve? — Lille : Près de quelle frontière? — Toulouse : Sur quel fleuve?

centre des régions qui ont le plus de ressources, par exemple dans les régions industrielles, sur les principaux fleuves, aux embouchures dans la mer des cours d'eau importants. Il en est en France comme partout.

Les villes, du reste, se sont énormément développées depuis un siècle. Les campagnes envoient dans les villes des foules de paysans qui s'y établissent comme ouvriers des usines, des chemins de fer, etc. Beaucoup de grandes villes françaises industrielles ont ainsi vu doubler et même tripler leur population.

Les villes les plus peuplées sont :

Paris	2.763.000 hab.
Marseille	517.000 —
Lyon	472.000 —
Bordeaux	251.000 —
Lille	205.000 —
Toulouse	149.000 —

GRANDES VILLES DE LA FRANCE

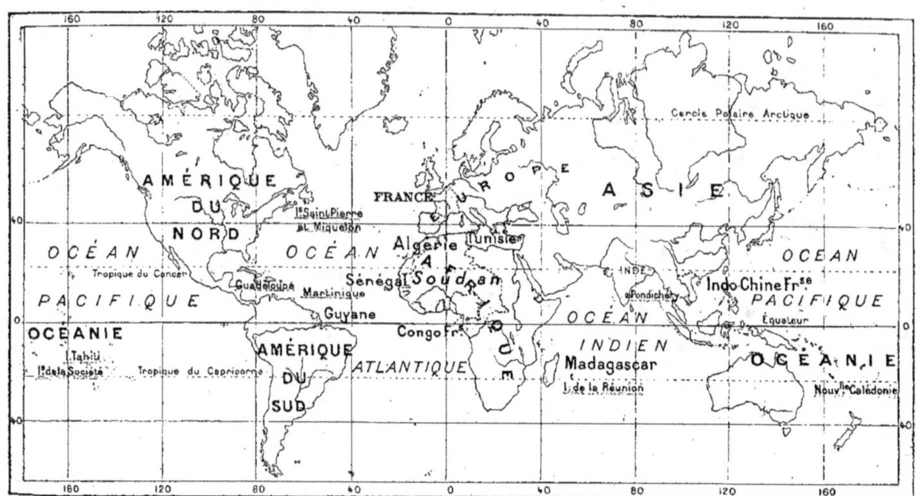

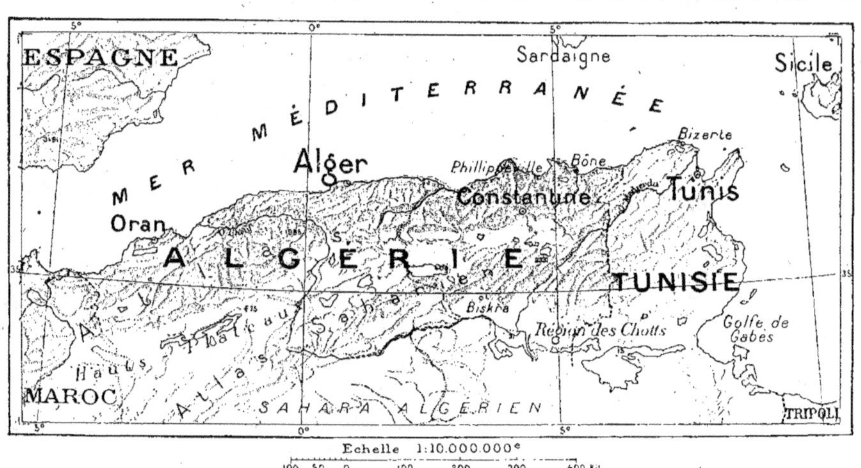

Echelle 1:10.000.000°

100 50 0   100   200   300   400 Kil.

1. LES COLONIES FRANÇAISES. — 2. L'ALGÉRIE-TUNISIE.

191. L'Empire colonial français. — La France possède, en dehors de l'Europe :

1° En Asie, l'Indo-Chine française, et cinq comptoirs dans l'Inde, dont *Pondichéry;*

2° En Afrique, l'Algérie-Tunisie, le Soudan français, le *Congo français,* et Madagascar, grande île dans l'océan Indien;

3° En Amérique, la *Guadeloupe* et la *Martinique,* dans les Antilles, ainsi que la *Guyane française;*

4° En Océanie, diverses îles ou archipels, entre autres la *Nouvelle-Calédonie* et *Tahiti*.

192. Algérie-Tunisie. — L'Algérie-Tunisie est sur la Méditerranée, en face de Marseille.

On y trouve une grande chaîne de montagnes, l'*Atlas*; un fleuve principal, la *Medjerda*; des forêts, des arbres fruitiers (oliviers, orangers), des champs de blé et de maïs, des vignobles.

Plus grande que la France, l'Algérie-Tunisie compte seulement 7 millions d'habitants.

Les principales villes sont : en Algérie, **Alger**, capitale de l'Algérie; *Oran*, *Philippeville* et *Bône*, ports; *Constan-*

tine, dans l'intérieur; — en Tunisie, **Tunis**, port important au nord-est, et *Bizerte*, au nord.

193. Indo-Chine française. — L'Indo-Chine française, plus grande que la France, comprend quatre pays : le *Tonkin*, l'*Annam*, le *Cambodge* et la *Cochinchine*.

On y trouve deux grands fleuves à deltas, le *Fleuve Rouge* ou *Songkoï*, et le *Mékong* ou *Cambodge*. L'Indo-Chine française a un climat chaud et humide, des rizières, 20 millions d'habitants.

Principales villes : **Hanoï**, capitale du Tonkin; *Hué*, capitale de l'Annam; *Pnom-Penh*, capitale du Cambodge; **Saïgon**, capitale de la Cochinchine.

Le Tonkin en est la partie la plus fertile, la plus riche et la plus peuplée.

194. Madagascar. — Madagascar est une île de l'océan Indien, au sud-est de l'Afrique. Elle est un peu plus grande que la France.

Elle renferme surtout des montagnes et des plateaux, produit du riz, du café, des céréales. Son climat est chaud, humide et malsain sur la côte; il est tempéré et salubre sur les plateaux.

Sa capitale est *Tananarive*, à l'intérieur.

LES COLONIES FRANÇAISES.

Ces trois gravures représentent : 1. Une vue des gorges d'El-Kantara, en Algérie, dans l'Atlas saharien. — 2. Une vue des hauts plateaux de Madagascar, plateaux salubres où les Européens s'acclimatent facilement et où croissent les céréales, le riz. — 3. Une vue des bords du Mékong en Indo-Chine.

Exercices.

Questionnaire. — 191. Quelles sont les colonies de la France en Asie? en Afrique? en Amérique? en Océanie? — 192. Où est située l'Algérie-Tunisie? Quelles montagnes y trouve-t-on? Quel fleuve principal? Quels produits? Quelles sont les principales villes en Algérie? en Tunisie? — 193. Quels pays comprend l'Indo-Chine française? Quels deux fleuves s'y terminent? Quel climat a-t-elle? Quelle principale culture? Combien d'habitants? Quelles sont les capitales du Tonkin? de l'Annam? de la Cochinchine? Quelle est la partie la plus riche de l'Indo-Chine française? — 194. Qu'est-ce que Madagascar? Quel est son relief? Quelles sont ses principales productions? Quelle est sa capitale?

Exercices d'observation. — Cherchez sur la carte des colonies françaises, l'Algérie-Tunisie, l'Indo-Chine française, Madagascar, la Martinique, la Nouvelle-Calédonie. — Montrez, sur la carte de l'Algérie-Tunisie, Alger, Oran, Constantine, Tunis.

RÉCAPITULATION DE LA TROISIÈME PARTIE

FRANCE

SITUATION, LIMITES, ÉTENDUE

Phrases à compléter. — 1. La France est située ....; elle a pour limites ....; elle touche à plusieurs pays qui sont .... — 2. La France a .... kilomètres du nord au sud, ... de l'ouest à l'est, ... kilomètres carrés d'étendue.

Exercice cartographique. — 3. Dessinez les contours de la France, en marquant les mers qui la baignent, ses frontières et les pays qui la bornent.

MERS

Phrases à compléter. — 4. La mer du Nord communique avec la Manche par le .... — 5. La Manche baigne les presqu'îles de .... et de .... ainsi que les îles ....; elle forme la baie de .... et le golfe de .... — 6. Les îles de la France sont : dans la Manche ....; dans l'Océan Atlantique .....; dans la Méditerranée .....

Exercices cartographiques. — 7. Dessinez la côte française de la Manche. — 8. Dessinez la côte française de la Méditerranée.

MONTAGNES ET PLAINES.

Phrases à compléter. — 9. Les cinq massifs principaux des montagnes de la France sont : ...., ..., ..., ..., ... — 10. Les montagnes françaises qui ont des neiges et des glaciers sont : ...., ... — 11. Les montagnes moyennes sont : ..... — 12. Le plus haut sommet de la France est ...., dans les ....; il a .... mètres de hauteur. — 13. Les principales collines de la France sont : .... — 14. Les principales plaines de la France sont : .....

Exercices cartographiques. — 15. Dessinez la France en marquant la place des principaux massifs. — 16. Dessinez la France en marquant la place des principales collines et des principales plaines.

FLEUVES ET COURS D'EAU

Phrases à compléter. — 17. La France a .... versants principaux et .... grands fleuves qui sont : ...., ..., ..., ... — 18. La Seine arrose .....; elle reçoit à droite ....; elle reçoit à gauche ....; elle se jette.... — 19. La Loire arrose ....; elle reçoit à droite....; elle reçoit à gauche ....; elle se jette .... — 20. La Garonne arrose ....; elle reçoit à droite ....; elle reçoit à gauche ....; elle se jette .... — 21. Le Rhône arrose ....; il reçoit à droite ....; il reçoit à gauche ....; il se jette .... — 22. Les principaux fleuves secondaires sont : ...., ..., ..., ..., ...

Exercices cartographiques. — 23. Dessinez la Seine et ses affluents. — 24. Dessinez la Loire et ses affluents. — 25. Dessinez la Garonne et ses affluents. — 26. Dessinez le Rhône et ses affluents.

ORGANISATION POLITIQUE

Phrases à compléter. — 27. La France compte ..... d'habitants. — 28. Le gouvernement de la France est une .... — 29. La France est divisée administrativement en ...., ..., ..., ... — 30. Une commune est .... — 31. Un canton est .... — 32. Un arrondissement est ....— 33. Un département est .....

Exercice cartographique. — 34. Dessinez votre département en marquant les différents arrondissements et l'emplacement de votre commune.

GÉOGRAPHIE ÉCONOMIQUE

Phrases à compléter. — *Agriculture.* — 35. Les principales richesses agricoles de la France sont : ...., ..., ... — 36. On cultive beaucoup de blé en .... — 37. Les vins les plus renommés sont les vins de .... — 38. On élève des chevaux dans le ....; des bêtes à cornes dans le ....; des moutons dans le .... — 39. Les principales plantes alimentaires cultivées en France, outre le blé, sont ..... — 40. Les principales plantes cultivées pour l'industrie sont .....

Industrie. — 41. On extrait de la houille en France dans les régions du .... — 42. On trouve beaucoup de fer en .... — 43. Les principales industries alimentaires sont : .... — 44. Les trois grandes régions industrielles françaises sont : ...., ..., ... — 45 On fait des armes à ...., des lainages à ...., des cotonnades à ...., des soieries à ..., des tapis à ...., des velours à ....

Commerce ; voies de communication. — 46. Les trois sortes de voies de communication sont : ...., ..., ... — 47. Les routes se divisent en routes ...., en routes ...., en chemins .... — 48. Les sept réseaux de chemins de fer français sont : ...., ... etc. — 49. Les canaux sont de deux sortes : les canaux .... et les canaux .... — 50. La Loire et la Saône sont reliées par le canal du ....; la Seine et la Saône sont reliées par ....; l'Océan Atlantique et la Méditerranée sont reliées par .... — 51. Les principaux ports de commerce français sont ....

Exercices cartographiques. — 52. Dessinez la France et marquez les principales régions agricoles et le genre de produits récoltés. — 53. Dessinez la France et marquez les principaux centres d'élevage et le genre d'animaux élevés — 54. Dessinez la France et marquez les principaux bassins houillers. — 55. Dessinez la France et marquez les principales villes industrielles avec leur genre d'industrie. — 56. Tracez le réseau des chemins de fer de l'Ouest. — 57. Dessinez la France et marquez les ports de commerce.

RÉGIONS NATURELLES ET GRANDES VILLES

Phrases à compléter. — 58. Les principales villes de la région du Nord sont : .... — 59. Les principales villes de la région de l'Est sont : .... — 60. Les principales villes de la région du Sud-Est sont : .... — 61. Les principales villes situées sur la mer sont : .... — 62. Marseille est sur ...., Lyon est sur ...., Bordeaux est sur ...., Lille est près de la frontière de ...., Nancy est la capitale de l'ancienne province de ...., Toulouse est sur .... — 63. Les cinq villes les plus peuplées de la France sont : .....

Exercice cartographique. — 64. Dessinez la France et marquez quinze grandes villes.

LES COLONIES FRANÇAISES

Phrases à compléter. — 65. La France possède : en Asie ....; en Afrique ....; en Amérique ....; en Océanie .... — 66. Les principales villes de l'Algérie-Tunisie sont : .... — 67. Les principales villes de l'Indo-Chine française sont : .... — 68. La capitale de Madagascar est ... — 69. Cette île produit .....

Exercice cartographique. — 70. Dessinez la carte de l'Algérie-Tunisie.

NOTIONS GÉNÉRALES

1. La *Géographie* nous promène à travers les divers pays du globe. Elle nous fait connaître les montagnes et les plaines, les fleuves et les mers, les climats et les productions, les habitants et les animaux.

2. La *Terre* est une *sphère* de 40 000 kilomètres de tour qui flotte dans l'espace. L'*Équateur*, situé à égale distance des deux pôles, partage la terre en deux *hémisphères*.

3. La Terre et la Lune se meuvent. Un *jour* (24 h.), c'est le temps que met la Terre pour faire un tour sur elle-même. Un *mois*, c'est le temps que met la Lune pour faire un tour autour de la Terre. Une *année*, c'est le temps que met la Terre pour faire un tour autour du Soleil.

4. Le Soleil est une étoile. C'est la position de la Terre par rapport au Soleil qui détermine le jour, la nuit et chacune des saisons.

5. On *s'oriente* à l'aide des *points cardinaux*, à l'aide de l'*étoile Polaire* et de la *boussole*.

6. La Terre est représentée, en totalité ou en partie, par les *globes* et les *cartes*. Elle est bosselée de collines et de montagnes entre lesquelles s'étendent les plaines et les plateaux.

7. Les mers agitées par les marées et les tempêtes rongent les côtes : elles forment des *golfes* ou des *baies*, des *caps* et des *presqu'îles*. Les *détroits* font communiquer les mers; les *isthmes* les séparent. Les *groupes d'îles* ou *archipels* émergent au milieu des eaux.

8. Les eaux de pluie glissent et s'écoulent sur les pentes des versants; elles forment les *cours d'eau*. Les *rivières* et les *fleuves*, grossis entre la *source* et l'*embouchure*, par de nombreux *affluents*, vont se jeter dans la mer, en formant des *estuaires* ou des *deltas*. Les nappes d'eau sans écoulement forment, sur le sol, des *lacs*, des *étangs* ou des *marais*.

ÉTUDE GÉNÉRALE DE LA TERRE

9. Les *cinq grands océans* (Glacial arctique, Glacial antarctique, Atlantique, Indien, Pacifique), et les mers qu'ils forment recouvrent les trois quarts de la surface du globe.

L'*Ancien continent*, le *Nouveau continent* et le *continent Austral* comprennent les cinq parties du monde.

10. Les mers et les océans communiquent par des détroits naturels (Pas-de-Calais, Gibraltar), ou creusés par l'homme (canal de Suez); par la navigation, ils unissent les continents; en outre, ils nourrissent une multitude de poissons qui servent à l'alimentation de l'homme.

11. Les diverses parties du globe sont très dissemblables. La région *équatoriale*, avec son climat torride et ses pluies abondantes, a les plus gros animaux et les plus grandes plantes. Les hommes y vivent en sauvages.

Les régions *polaires*, au climat glacial, où rien ne pousse, n'ont que très peu d'habitants vivant de chasse et de pêche.

Les régions *tempérées* sont fertiles et bien cultivées. Les hommes qui y vivent en très grand nombre sont civilisés.

12. Un milliard et demi d'hommes vivent à la surface du globe. Ils diffèrent par la couleur de la peau et par le langage. Les *nègres* vivent en Afrique, surtout, et dans quelques pays d'Amérique. Les hommes de *race blanche* peuplent l'Europe et une partie de l'Amérique et de l'Asie. Les hommes de *race jaune* vivent en Chine et au Japon. Les *Indiens ou Peaux-Rouges*, en Amérique, sont très peu nombreux.

LES CINQ PARTIES DU MONDE

13. L'**Europe** est bornée par l'océan Glacial du nord, l'Atlantique, la Méditerranée et l'Asie. L'océan Atlantique forme la mer Baltique, la mer du Nord et la Manche. La Méditerranée forme la mer Adriatique et la mer Noire; elle communique avec l'Atlantique par le détroit de Gibraltar.

Les principales montagnes de l'Europe sont les *Alpes*, les Pyrénées, les Karpates, les monts Oural et le Caucase. Ses principaux fleuves sont le Rhin, le *Danube* et la *Volga*.

L'Europe est formée de puissants États dont les importantes richesses sont expédiées dans le monde entier.

14. L'**Asie**, limitée par l'océan Glacial du nord, l'océan Pacifique, l'océan Indien, la Méditerranée et l'Europe, possède les plus hautes montagnes du globe (*monts Himalaya*) et des fleuves abondants (fleuve Jaune, fleuve Bleu, Gange). La Sibérie (aux Russes), l'Inde (aux Anglais), la Chine et le Japon sont ses principaux États.

15. L'**Afrique**, baignée par la Méditerranée, l'Atlantique et l'océan Indien, est séparée de l'Asie par le canal de Suez. Ses fleuves principaux sont le *Nil*, le Niger, le Congo et le Zambèze.

Tous les grands États de l'Europe y possèdent de vastes territoires ou colonies, l'*Angleterre* et la *France* surtout.

16. L'**Amérique du Nord**, limitée par l'océan Glacial, l'Atlantique, le Pacifique et l'Amérique centrale, est une des contrées les plus riches de la terre. Les *États-Unis* possèdent d'im-

menses ressources. Le *Canada* et le *Mexique* s'étendent au nord et au sud de ce continent.

17. L'Amérique du Sud, moins complètement exploitée, possède de grands États prospères, comme le *Brésil* et la *République Argentine*.

Le *Mississippi*, dans l'Amérique du Nord, et l'*Amazone*, dans l'Amérique du Sud, sont des fleuves de première importance. Les *Antilles* sont des îles riches et prospères.

18. L'Océanie est formée d'îles nombreuses situées dans l'océan Pacifique. La plus riche et la plus grande de ces îles est l'*Australie* qui appartient à l'Angleterre.

LA FRANCE ET SES COLONIES

19. La France *est baignée* par la mer du Nord et la Manche, unies par le détroit du Pas de Calais; puis, par l'Atlantique et la Méditerranée. Les Pyrénées, les Alpes, le Jura, les Vosges et la Belgique sont ses *frontières continentales*.

20. Les côtes sont bordées d'îles nombreuses : la plus importante est la *Corse*. La mer y a formé la *baie de la Seine* et le *golfe de Saint-Malo*, à l'est et à l'ouest de la *presqu'île du Cotantin*; puis, la *presqu'île de Bretagne*, le *golfe de Gascogne* et, dans la Méditerranée, le *golfe du Lion*.

21. Les montagnes frontières (*Pyrénées*, *Alpes*, *Jura*, *Vosges*, le *Massif Central* et quelques collines (Bretagne, Normandie. composent le relief de notre sol. Les plaines sont arrosées par la *Seine*, la *Loire*, la *Garonne* et le *Rhône*, avec leurs affluents. Les villes se sont construites, de préférence, au bord des cours d'eau : ceux-ci facilitent les rapports commerciaux (navigation, transports); ils favorisent l'industrie et l'agriculture.

22. La France a près de 40 *millions* d'habitants; le plus grand nombre vivent dans les plaines.

La France est une *république*; elle est gouvernée par un Président, des ministres, le Sénat et la Chambre des députés. Elle comprend 86 départements (plus le territoire de Belfort), subdivisés en arrondissements. cantons et communes. Chaque *département* est administré par un *préfet*. Le *sous-préfet* administre l'arrondissement et le *maire* administre la commune. Il y a un *juge de paix* par canton.

23. Le climat de la France et l'étendue des plaines favorisent l'agriculture. Nos principales ressources agricoles sont le *blé*, la *vigne* et l'*élevage*.

24. Notre production annuelle en blé (100 millions d'hectolitres) suffit à la consommation nationale. Nos vins de Champagne, de Bourgogne et de Bordeaux sont universellement appréciés. En outre de nos bestiaux, nous expédions à l'étranger (Angleterre surtout) nos beurres et nos fromages.

25. Les légumes, les fruits, l'élevage des volailles et du ver à soie fournissent encore à notre agriculture des revenus importants.

26. La France est aussi un pays industriel. Elle possède d'importantes *mines de houille* (dans le Nord et autour du Massif Central) et *de fer* (dans l'Est). Les autres métaux manquent.

27. Nous achetons à l'étranger les matières premières qui nous manquent : du *cuivre* aux États-Unis, à l'Espagne et au Chili ; du *plomb* à l'Espagne et à l'Angleterre ; du *coton* aux États-Unis; des *laines* à l'Australie.

28. Notre sous-sol fournit d'abondants matériaux de construction : *granits* (Bretagne), *ardoises* (Angers), *marbres* (Pyrénées), *pierres à bâtir* (près Paris).

29. L'*industrie métallurgique* (Nord, Le Creusot, St-Étienne, Nancy); la fabrication des *lainages* (Roubaix, Reims); des *cotonnades* (Lille, Normandie); des *toiles* et *dentelles* (Bretagne, Valenciennes) ; des *soieries* (Lyon) sont prospères.

30. Les produits agricoles et industriels circulent en utilisant les *voies de communication* (routes, chemins de fer; fleuves, rivières et canaux).

31. Nos *routes* sont bien entretenues. Nos *chemins de fer* sillonnent le pays dans tous les sens. Ils se répartissent entre *sept réseaux* : Nord, Est, Ouest, Paris-Lyon-Méditerranée, Orléans, État, Midi. En se raccordant aux lignes étrangères, ils se prolongent en Europe bien au delà des frontières.

32. Nos *fleuves* et *rivières*, généralement navigables, permettent aux marchandises lourdes et encombrantes de circuler à moindres frais. Ils communiquent entre eux par des *canaux*.

33. Les six *plus grandes villes* de la France sont : Paris, Marseille, Lyon, Bordeaux, Lille et Toulouse.

34. La France a de *riches colonies* qui lui achètent ses produits et lui envoient des matières premières. Les principales sont : en *Asie*, l'Indo-Chine; en *Afrique*, l'Algérie-Tunisie, le Soudan, le Congo et l'île de Madagascar; en *Amérique*, la Guyane, les îles de la Guadeloupe et de la Martinique; en *Océanie*, la Nouvelle-Calédonie.

TABLEAU DES DÉPARTEMENTS, PRÉFECTURES ET SOUS-PRÉFECTURES

DÉPARTEMENTS	PRÉFECTURES ET SOUS-PRÉFECTURES	DÉPARTEMENTS	PRÉFECTURES ET SOUS-PRÉFECTURES
	NORD	Lozère	*Mende.* Marvejols, Florac.
		Ardèche	*Privas.* Tournon, Largentière.
Nord	*Lille.* Dunkerque, Hazebrouck, Douai, Valenciennes, Cambrai, Avesnes.	Tarn	*Albi.* Gaillac, Lavaur. Castres.
		Gard	*Nîmes.* Alais, Uzès, Le Vigan.
Pas-de-Calais	*Arras.* Saint-Omer, Boulogne, Béthune, Montreuil, Saint-Pol.	Hérault	*Montpellier.* Lodève, Saint-Pons, Béziers.
Somme	*Amiens.* Doullens, Abbeville, Péronne, Montdidier.	Aude	*Carcassonne.* Castelnaudary, Narbonne, Limoux.
Seine-Inférieure	*Rouen.* Dieppe, Neufchâtel, Yvetot. Le Havre.	Haute-Garonne	*Toulouse.* Muret, Villefranche-de-Lauraguais, Saint-Gaudens.
Calvados	*Caen.* Bayeux, Pont-l'Évêque, Lisieux, Falaise, Vire.	Pyrénées - Orientales	*Perpignan.* Prades, Céret.
Manche	*Saint-Lô.* Cherbourg, Valognes, Coutances, Avranches, Mortain.		**SUD-OUEST**
Orne	*Alençon.* Argentan, Domfront, Mortagne.	Ariège	*Foix.* Pamiers, Saint-Girons.
Eure	*Évreux.* Pont-Audemer, Les Andelys, Louviers, Bernay.	Basses-Pyrénées	*Pau.* Orthez, Bayonne, Mauléon, Oloron.
Seine-et-Oise	*Versailles.* Pontoise, Mantes, Rambouillet, Corbeil, Étampes.	Hautes-Pyrénées	*Tarbes.* Bagnères-de-Bigorre, Argelès.
Seine	*Paris.*	Gers	*Auch.* Condom, Lectoure, Lombez, Mirande.
Seine-et-Marne	*Melun.* Meaux, Coulommiers, Provins, Fontainebleau.	Landes	*Mont-de-Marsan.* Saint-Sever, Dax.
Oise	*Beauvais.* Compiègne, Clermont, Senlis.	Lot-et-Garonne	*Agen.* Marmande, Villeneuve-sur-Lot, Nérac.
Aisne	*Laon.* Saint-Quentin, Vervins, Soissons, Château-Thierry.	Tarn-et-Garonne	*Montauban*, Moissac, Castelsarrasin.
	EST	Aveyron	*Rodez.* Espalion, Villefranche, Millau, Saint-Affrique.
Ardennes	*Mézières.* Rocroi, Sedan, Rethel, Vouziers.	Lot	*Cahors.* Gourdon, Figeac.
Marne	*Châlons-sur-Marne.* Reims, Sainte-Menehould, Épernay, Vitry-le-François.	Dordogne	*Périgueux.* Nontron, Ribérac, Sarlat, Bergerac.
Aube	*Troyes.* Arcis-sur-Aube, Nogent-sur-Seine, Bar-sur-Aube, Bar-sur-Seine.	Gironde	*Bordeaux.* Lesparre, Blaye, Libourne, La Réole, Bazas.
Haute-Marne	*Chaumont.* Vassy, Langres.		**OUEST**
Meuse	*Bar-le-Duc.* Montmédy, Verdun, Commercy.	Charente-Inférieure	*La Rochelle.* Saint-Jean-d'Angély, Rochefort, Marennes, Saintes, Jonzac.
Meurthe-et-Moselle	*Nancy.* Briey, Toul, Lunéville.	Charente	*Angoulême.* Ruffec, Confolens, Cognac, Barbezieux.
Vosges	*Épinal.* Neufchâteau, Mirecourt, Saint-Dié, Remiremont.	Vienne	*Poitiers.* Loudun, Châtellerault, Montmorillon, Civray.
Belfort (Territoire)	*Belfort.*	Deux-Sèvres	*Niort.* Bressuire, Parthenay, Melle.
Haute-Saône	*Vesoul.* Lure, Gray.	Vendée	*La Roche-sur-Yon.* Les Sables-d'Olonne, Fontenay-le-Comte.
Doubs	*Besançon.* Montbéliard, Baume-les-Dames, Pontarlier.	Maine-et-Loire	*Angers.* Segré, Baugé, Saumur, Cholet.
Jura	*Lons-le-Saunier.* Dôle, Poligny, Saint-Claude.	Loire-Inférieure	*Nantes.* Châteaubriant, Ancenis, Saint-Nazaire, Paimbœuf.
Côte-d'Or	*Dijon.* Châtillon-sur-Seine, Semur, Beaune.	Morbihan	*Vannes.* Pontivy, Ploërmel, Lorient.
Yonne	*Auxerre.* Sens, Joigny, Tonnerre, Avallon.	Finistère	*Quimper.* Morlaix, Brest, Châteaulin, Quimperlé.
Saône-et-Loire	*Mâcon.* Autun, Chalon-sur-Saône, Louhans, Charolles.	Côtes-du-Nord	*Saint-Brieuc.* Lannion, Guingamp, Dinan, Loudéac.
Ain	*Bourg.* Gex, Nantua, Trévoux, Belley.	Ille-et-Vilaine	*Rennes.* Saint-Malo, Fougères, Vitré, Montfort, Redon.
	SUD-EST	Mayenne	*Laval.* Mayenne, Château-Gontier.
Loire	*Saint-Étienne.* Roanne, Montbrison.	Sarthe	*Le Mans.* Mamers, Saint-Calais, La Flèche.
Rhône	*Lyon.* Villefranche.	Indre-et-Loire	*Tours.* Chinon, Loches.
Haute-Savoie	*Annecy.* Thonon, Saint-Julien, Bonneville.		**CENTRE**
Savoie	*Chambéry.* Albertville, Moûtiers, Saint-Jean-de-Maurienne.	Creuse	*Guéret.* Boussac, Aubusson, Bourganeuf.
Isère	*Grenoble.* La Tour-du-Pin, Vienne, Saint-Marcellin.	Haute-Vienne	*Limoges.* Bellac, Rochechouart, Saint-Yrieix.
Drôme	*Valence.* Die, Montélimar, Nyons.	Corrèze	*Tulle.* Ussel, Brive.
Hautes-Alpes	*Gap.* Briançon, Embrun.	Cantal	*Aurillac.* Mauriac, Murat, Saint-Flour.
Vaucluse	*Avignon.* Orange, Carpentras, Apt.	Puy-de-Dôme	*Clermont-Ferrand.* Riom, Thiers, Ambert, Issoire.
Alpes-Maritimes	*Nice.* Puget-Théniers, Grasse.	Allier	*Moulins.* Montluçon, Lapalisse, Gannat.
Corse	*Ajaccio.* Bastia, Calvi, Corte, Sartène.	Nièvre	*Nevers.* Clamecy, Cosne, Château-Chinon.
Basses-Alpes	*Digne.* Barcelonnette, Sisteron, Forcalquier, Castellane.	Indre	*Châteauroux.* Issoudun, Le Blanc, La Châtre.
Var	*Draguignan.* Brignoles, Toulon.	Cher	*Bourges.* Sancerre, Saint-Amand.
Bouches-du-Rhône	*Marseille.* Arles, Aix.	Loiret	*Orléans.* Pithiviers, Montargis, Gien.
Haute-Loire	*Le Puy.* Brioude, Yssingeaux.	Loir-et-Cher	*Blois.* Vendôme, Romorantin.
		Eure-et-Loir	*Chartres.* Dreux, Nogent-le-Rotrou, Châteaudun.

TABLE DES MATIÈRES

587-75. — Imprimerie Lahure, rue de Fleurus, 9, à Paris.

45287. — Imprimerie Lahure, rue de Fleurus, 9, à Paris. 1-1909. — 110.000.

www.ingramcontent.com/pod-product-compliance
Lightning Source LLC
LaVergne TN
LVHW010325030726
842520LV00004B/1267